falter 24

Ist es denkbar –

Der Gedanke wiederholter Erdenleben, der *Reinkarnation,* ist alt. Er rührt an unser Innerstes, an unsere Sehnsucht nach dem Ewigen. Im Osten bildet die Vorstellung von früheren und künftigen Leben auf Erden für unzählige Menschen die eigentliche Grundlage ihres religiösen Glaubens. Hier im Westen hat sie zahlreiche Seelen angesprochen und eine ansehnliche Reihe bedeutender Geister beschäftigt – Denker und Dichter, Künstler und Wissenschaftler.

Das hält bis heute an. Doch wir sind in den Schatten einer an sich glänzenden Naturwissenschaft geraten. Und der Schatten ist tief. Wo wir auch hinschauen, begegnen wir einer Lebensauffassung, die sich vage als naturwissenschaftlich zu bezeichnen pflegt – tatsächlich ist sie selten wirklich durchdacht und läuft daher leicht auf einen hilflosen Materialismus hinaus. Im Grunde hat dieser Materialismus etwas Rührendes an sich. Er beruht auf einer fehlplazierten Tugend, nämlich Selbstvergessenheit. Seinem Gegenstand derart rückhaltlos hingegeben, daß er dabei sich selbst vergißt, vergißt der Wissenschaftler auch, daß die Welt sich nicht in dem, was er erforscht, erschöpft. Sie enthält auch unser forschendes Bewußtsein.

Ganz so selbstvergessen darf derjenige, der das Rätsel des Menschen ins Auge faßt, nicht sein.

Wenn von wiederholten Erdenleben gesprochen werden soll, müssen wir selbstverständlich unseren innersten Wesenskern als eine in sich selbst bestehende Wesenheit begreifen. Das erfordert heutzutage einen gewissen Mut, ein Vertrauen in die eigene innere Erfahrung. Es nützt wenig, auf die tonangebende Wissenschaft der Zeit zu schielen. Dort ist von «derlei» nicht die Rede. Wer etwas über sein Dasein als Mensch, sein eigenes Ich und ähnliches erfahren möchte, wird höflich darauf verwiesen, Vererbung und Milieu zu studieren. – Nun, so wollen wir das tun. Besonders die Vererbung ist für unzählige Menschen zu einer beherrschenden Vorstellung geworden. Es ist daher erstaunlich, wie wenig durchdacht der Begriff oft erscheint.

Wir bekommen vielleicht zu hören: Du hast etwas von der Nase deines Großvaters geerbt, nicht wenig von seinem aufbrausenden Gemüt, seiner Liebe zur Musik und was sich sonst noch alles finden läßt. Das scheint zu stimmen. Aber muß sich die Aufmerksamkeit nicht auch auf etwas richten, was ich unmöglich geerbt haben kann? Und das wäre? – Daß *ich ich bin*! Meine Biographie! Daß ich es jetzt bin, der diese Eigenschaften besitzt, nicht

Inhalt

Die Deutsche Bibliothek – CIP-Einheitsaufnahme

Lindholm, Dan:
Woher kommen wir – wohin gehen wir? :
Fragen nach wiederholten Erdenleben / Dan Lindholm.
Aus dem Norweg. von Taja Gut. –
Stuttgart: Verlag Freies Geistesleben, 1996
(Falter; 24)
Einheitssacht.: Gjentatte jordliv ‹dt›

ISBN 3-7725-1424-3

Die norwegische Ausgabe ist 1994 unter dem Titel «Gjentatte jordliv» im Antropos Forlag A.S., Oslo erschienen.

Für die deutsche Ausgabe:

Schutzumschlag: Doris Hecht / Walter Schneider
Druck: Offizin Chr. Scheufele, Stuttgart

DAN LINDHOLM

Woher kommen wir – wohin gehen wir?

Fragen nach wiederholten Erdenleben

Aus dem Norwegischen
von Taja Gut

VERLAG FREIES GEISTESLEBEN

mein Großvater! – Darauf bekommt man zur Antwort, daß auch das Selbstbewußtsein als etwas zu denken sei, das den Genen eingeschrieben ist. – Ja, schon, aber nur als Leerform, als eine zunächst ungenutzte Möglichkeit. Nicht als gegenwärtige, lebendige Tatsache. Um eine solche zu werden, müssen Form und Möglichkeit ja erst von meiner Wirklichkeit, meiner Biographie erfüllt werden. Gerade diese aber läßt sich nicht erben!

Es bedarf kaum großer Erwägungen, um einzusehen, daß das Erbmaterial, so wichtig es auch sein mag, das Rätsel des Menschen, der unabweislichen Wirklichkeit der Subjektivität nicht löst.

Es ist eine anspruchsvolle Frage, die sich hier stellt. Wer sich dem Gedanken verschließt, daß der Mensch in seinem Kern ein nicht-materielles Wesen ist, steht geistig mit leeren Händen da. Sogenannte naturwissenschaftliche Vorstellungen bringen uns nicht weiter. – Was aber dann?

In der Natur findet nicht immer ein gleichmäßiger Übergang vom einen Stadium zum anderen statt. Oft nehmen wir einen Sprung wahr – wie etwa von Dampf zu Wasser, von Wasser zu Eis, vom grünen Blatt zur farbenprächtigen Blüte. Ebenso müssen wir, wenn wir Schritt halten wollen mit der Wirklichkeit, im Denken ab und zu einen großen Sprung wagen. Hier nun müssen wir unser eigenes Menschenwesen als etwas weit Umfassenderes begreifen als dasjenige, was wir von einem Augenblick zum nächsten im Bewußtsein haben.

Den Gedanken wiederholter Erdenleben werden viele als einen solchen Sprung erleben. Einige werden sich sogleich beim naheliegenden Einwand aufhalten, daß wir uns an nichts erinnern. Warum ist das so? Die Frage läßt sich nicht generell beantworten. Mehr Menschen, als man vielleicht vermuten möchte, glauben, sich an ein «Aufblitzen» zu erinnern – ohne sich deswegen einzubilden, «Königin von Ägypten» oder jemand ähnlich Großartiger gewesen zu sein. Je weniger sich damit prahlen läßt, desto glaubwürdiger. Fragen wir uns jedoch: Wie wäre es denn, unser jetziges Leben zu leben und sich dabei an frühere Leben zu erinnern? Mich daran zu erinnern, König von Babylon gewesen zu sein, während ich nun in abgetragenen Hosen herumlaufe und ein subalterner Gehaltsempfänger bin? Oder vielleicht bloß solch ein unglücklicher Galeerensklave, wie Rudyard Kipling ihn in einer seiner Novellen schildert?

Für die allermeisten von uns ist es ein Glück, sich an wenig oder nichts zu erinnern. Das Vergessen bedeutet, daß wir unsere Lebensaufgabe heute von neuem anpacken können, unbeeinflußt durch die Vergangenheit. Persönliche Erinnerungen mögen sich einstellen oder ausbleiben. Das, worauf es jetzt ankommt, ist ein in uns selbst begründetes Denken, ein ruhiges Urteilen, das aus dem erwähnten Schatten herausführen kann.

Mitunter hören wir: Die Menschen sind sich zu allen Zeiten gleichgeblieben; dieselben Leidenschaften, dieselbe Begierde, derselbe Machthunger, Neid und so fort. Wohl wahr. Aber ist das die ganze Wahrheit? Der Biber baut seine Dämme, die Krähe ihr Nest, und der Dachs gräbt sich seinen Bau heute in genau derselben Weise wie vor zehntausend Jahren. Tiere sind ungeschichtliche Geschöpfe. Einzig der Mensch hat im eigentlichen, im geistigen Sinne eine Geschichte. Nicht nur unsere Häuser, auch Denken und Glauben, Tätigkeiten und Lebensinhalte verändern sich von Jahrhundert zu Jahrhundert.

Das wird leichthin damit erklärt, daß die Menschen fähig sind, sich Erfahrungen früherer Generationen anzueignen. Das stimmt, liefert jedoch keine erschöpfende Erklärung. Wenn nicht unsere Fähigkeit selbst sich entwickelt, die Beschaffenheit unseres Bewußtseins selbst sich verändert hat, bleibt es völlig unbegreiflich, warum all die technischen Wunderdinge, die unsere Zeit prägen, nicht ebensogut vor vielen tausend Jahren nach und nach hätten erfunden werden können. Oberflächlich wird gesagt: Das hängt mit der Unwissenheit in früheren Zeiten zusammen. Genau darin aber liegt ja das Problem. Warum denn ließ die Erfindung so lange auf sich warten? Die Menschheit war damals schon längst alt genug für die Beobachtungen, die wir heute machen.

Es ist eine geschichtliche Tatsache, daß das griechische Heer, das rund tausend Jahre vor Christus auszog, Troja zu zerstören, und die Kreuzfahrer, die tausend Jahre nach Christus auszogen, das Heilige Land zu erobern, praktisch gleich ausgerüstet waren. Zweitausend Jahre ohne nennenswerte technische Entwicklung! Dagegen wären die Heere, die 1914, beim Ausbruch des Ersten Weltkriegs, mobilisiert wurden, fünfundzwanzig Jahre später gegenüber den im Zweiten Weltkrieg verwendeten Waffen völlig wehrlos gewesen.

Soviel zur technischen Entwicklung. Sie scheint unserer menschlichen Entwicklung vollständig davonzulaufen. Bedeutende Denker fragen: Was bleibt denn dem Menschen an sich? Im Schatten der technischen Wissenschaft entstand eine Erklärungsmethode, die André Bjerke das «Bloßprinzip» nannte. Alles ist *bloß* etwas anderes! Das Licht besteht bloß aus elektromagnetischen Schwingungen. Musik bloß aus Wellenbewegungen der Luft. Seele und Geist sind *bloß* eine Wirkung biochemischer Prozesse in den Hirnwindungen und so fort. Das mag überzeugend klingen, solange man die Gedanken nicht zu Ende denkt. Und es enthebt uns etwas der Sorge, Mensch zu sein, da es uns von Freiheit und Verantwortung entbindet ...

Leider aber ist die Vorstellung, die in allem «bloß eine Wirkung» sieht, nichts anderes als materialistisches Wunschdenken. Es mag genügen, daran zu erinnern, daß in allen lebenden Zellen – die Hirnzellen nicht ausgeschlossen – ein unaufhörlicher Stoffwechsel stattfindet. Ich selbst und meine Gedanken sollten also bloß eine Wirkung der zufälligen Atome sein, die sich gerade jetzt in meinem Gehirn befinden? – Im nächsten Augenblick werden es ja ganz andere Atome sein! Ist es bloß eine Einbildung, daß ich das ganze Leben hindurch mit mir selbst identisch bin? Einfache Logik sagt mir, daß eine diskontinuierliche Materie schwerlich einem – trotz Schlaf und Unterbrechungen – zusammenhängenden Ichbewußtsein zugrunde liegen kann.

Das tiefste Zeitproblem liegt jedoch kaum in einem materialistischen Aberglauben. Viel ernster ist die Tatsache, daß die moderne Technik in all ihrer Kühnheit unseren Händen vollständig entgleitet. Sie ist nicht mehr Dienerin, sie ist unsere Herrin und Machthaberin geworden und folgt gänzlich ihren eigenen, nicht-menschlichen Gesetzen.

Die Frage, die wir Menschen uns stellen müssen, lautet: Was ist erforderlich, damit wir wieder Herr über unser eigenes Werk werden? Die Antwort kann nur lauten: Vertiefte Selbsterkenntnis. Und zwar in dem Sinne, daß wir uns selbst in einer höheren *Wirklichkeit* wiederfinden. Nicht in einer «niedrigeren», in Annäherung an das Tierreich. Und als ein Schritt in diese höhere Wirklichkeit ist der Reinkarnationsgedanke aufzufassen. Vielen wird dieser Gedanke nicht nur fremd, sondern auch zweifelhaft erscheinen. Wie damals, als wir lernten, daß die Erde rund ist. Daß die Menschen fortwährend etwas fundamental Neues lernen müssen – diesmal nicht über die Erde, sondern über sich selbst –, das ist heute gefordert.

Viele fragen sich, was der Sinn des Lebens sei, der Sinn des menschlichen Daseins. Nach dem Sinn von etwas in der Natur zu fragen – sei es ein Schmetterling, eine Fichte oder was auch immer – wäre sinnlos. Denn in der Natur erschöpft sich der Sinn der Dinge darin, daß sie *sind*. Das läßt sich vom Menschen wahrlich nicht behaupten. Es ist eine unserer Grundempfindungen, daß wir *unfertig* sind, daß wir uns selbst, alle unsere Möglichkeiten niemals ganz zu verwirklichen vermögen. Stets bleibt etwas übrig. Wir streben nach einem «Etwas», nach einem Sinn des Lebens, der über unsere naturgegebenen Grenzen hinausgeht. Gerade darin ist ja alle religiöse Sehnsucht begründet, die Hoffnung des Menschen auf Ewigkeit. Der Gedanke wiederholter Erdenleben kommt der Hoffnung entgegen, in uns selbst etwas von dem vollbringen zu können, was erst angefangen ist.

Rudolf Steiners Geisteswissenschaft, die Anthroposophie, umfaßt die Erkenntnis wiederholter Erdenleben als eine klar begründete Wahrheit. Eine Wahrheit, wohlgemerkt, mit der wir nicht so rasch zu Ende kommen. Denn in der Anthroposophie wird die Reinkarnation untrennbar mit einem komplizierten Schicksalsbegriff verknüpft, dem *Karma*, das Erdenleben mit Erdenleben verbindet.

Nun ist Rudolf Steiner keineswegs der einzige in unserer Zeit, der den Reinkarnationsgedanken vertritt. Vor uns liegt der Bericht eines englischen Psychiaters, Arthur Guirdham, mit dem Titel *Die*

Katharer und die Reinkarnation. In seiner Gründlichkeit und Umständlichkeit trägt er unverkennbar die Handschrift eines Fachmediziners. Sich selbst schildert der Verfasser als einen Seelenarzt mit Einfühlungsvermögen in psychische Phänomene, aber anfänglich ohne Interesse für den Gedanken der Reinkarnation.

Im Frühling 1962 bekam er eine Patientin Anfang der Dreißiger. Er nennt sie Frau Smith. Sie litt an einem äußerst qualvollen Alptraum. Ständig träumte ihr, daß sich ein gefährlicher Mann ihrem Bett näherte. Sie schrie im Schlaf und weckte ihren Mann. Viel mehr erzählte sie nicht bei der ersten Konsultation. Dr. Guirdham erwähnt nicht, was er ihr für einen Rat gab, nur, daß der Alptraum danach ausblieb. Für sich behielt er die eigentümliche Tatsache, daß er selbst von einem ähnlichen Alptraum heimgesucht worden war. Auch bei ihm blieb er nach der Begegnung mit Frau Smith aus.

Die Patientin schien gesund zu sein, und es verging einige Zeit, bis Guirdham begriff, daß auf Frau Smith sehr viel mehr lastete, als bei der ersten Konsultation zur Sprache gekommen war.

Schon seit ihrem dreizehnten Lebensjahr wurde sie hin und wieder von einer Art wachen, zum Teil erschreckenden «Traumgesichten» verfolgt. Sie wußte sich dafür weder eine Erklärung noch einen Grund. Zeitweise hatte sie gefürchtet, den Verstand zu verlieren, obwohl sie im Alltagsleben vollkommen normal war und ohne jegliche Schwierigkeiten den Haushalt für ihren Mann und zwei Kinder besorgte. Nachdem sie den Alptraum losgeworden war, begannen dafür die «Gesichte» sie wieder zu bedrängen, die eine Weile beinahe verschwunden gewesen waren. Lange behielt sie dies für sich.

Dr. Guirdham hatte sich inzwischen ein neues Interessengebiet aufgetan. Er hatte mit seiner Frau Ferienreisen nach Südfrankreich unternommen. Von der Schönheit der Landschaft überwältigt, hatten sie beide begonnen, sich für die Geschichte zu interessieren, die mit den Gegenden am Fuße der südlichen Pyrenäen verbunden ist. Hier hatten sich ja die letzten Albigenser und Katharer aufgehalten, bevor sie durch die Inquisition aufs grausamste vernichtet wurden.

Besonders für die Katharer, ihren Glauben und ihre Weltanschauung empfand Guirdham eine tiefe Zuneigung. Die Katharer glaubten an die Reinkarnation und verbanden diesen Glauben mit einem sehr viel freieren Christentum, als es in der damaligen Kirche verkündet wurde. Eifrig studierte Guirdham alles, was ihm über Sitten und Gebräuche der Katharer in die Hände kam. Dabei lernte er Professor René Nelli von der Universität Toulouse kennen, damals einer der besten Kenner der Geschichte des französischen Mittelalters, und wurde mit ihm eng befreundet.

Nahezu zwei Jahre waren vergangen, seit Frau Smith zum erstenmal als Patientin zu ihm gekommen war. Von Zeit zu Zeit hatte er ihren Zustand beobachtet. – An einem Wintertag schneite es heftig. Aus einem Grund, an den er sich später nicht mehr erinnern konnte, suchte er sie auf – vielleicht, um ihr etwas mitzuteilen oder ihr einen Rat zu geben. Frau Smith kam selbst an die Tür. Es herrschte starkes Schneegestöber ...

Später erzählte sie, sie habe gespürt, daß er unterwegs war – wie damals vor siebenhundert Jahren, als er «während eines heftigen Schneesturms in der armseligen Hütte ihres Vaters Zuflucht suchte».

Allmählich vertraute sie sich ihrem Arzt an. Aber es brauchte Zeit, bis sie sich selbst Klarheit zu verschaffen vermochte über die starken Erinnerungsbilder, die in ihr aufstiegen. Es war eine lange, komplizierte und schmerzvolle Geschichte aus jener Zeit, da die Inquisition die Welt von Ketzern «säuberte» (die Bezeichnung «Ketzer» ist abgeleitet von Katharer). Leben und Schicksal von Frau Smith und ihrem Arzt waren damals ineinander verwoben gewesen – er ein Katharerpriester, sie ein armes, verliebtes junges Mädchen.

Aber ließ sich beweisen, daß es sich dabei um tatsächliche Erinnerungen handelte und nicht bloß um Produkte einer überhitzten Phantasie? – Dr. Guirdham ging äußerst gründlich und vorsichtig zu Werk. Frau Smith erzählte, daß auf ihrem Dachboden von der Schulzeit her noch ein Stoß alter Kladden lag. Darin hatte sie als Dreizehnjährige eine Menge Erinnerungsgesichte festgehalten, als diese in ihr aufzusteigen begannen. Seit vielen Jahren hatte sie nicht mehr in die Kladden geschaut. Soviel sie sich erinnerte, waren da auch Verse in einer altfranzösischen Sprache, die sie kaum verstand.

Nun wurden die Kladden hervorgeholt. Sie waren teilweise schwer zu entziffern, da sie ja von einem Schulmädchen geschrieben waren, das nur wenige Brocken Französisch gelernt hatte. Wenn Guirdham auch von ihrer subjektiven Ehrlichkeit überzeugt war, so zweifelte er doch an der Möglichkeit eines Beweises. Da kam ihm sein Freund, Professor Nelli, in den Sinn. In den Kladden fanden sich eine Menge Namen, teils von Personen, teils von Orten, es war gar nicht so leicht herauszufinden. In einem Brief legte er Nelli die Namen und Probleme vor. Und er bekam Antwort! Erstaunlicherweise sind die Verhörsprotokolle der Inquisition erhalten. Und darin hatte Nelli eine Anzahl Namen aus den Kladden gefunden und identifiziert. Auch Frau Smiths Erinnerungsgesichte wurden Nelli vorgelegt, und ein Fachmann für die Dichtung der Troubadoure untersuchte die altfranzösischen Verse. Ihre Echtheit konnte in derselben Weise bestätigt werden wie diejenige der vielen Namen.

Dr. Guirdhams Patientin war in einem früheren Leben als Katharerin auf dem Scheiterhaufen verbrannt worden. In einem ihrer Erinnerungsträume gibt sie eine grauenvoll realistische Schilderung des Erlebnisses: «Wir alle gingen barfuß durch die Straßen zu einem Platz, wo sie einen Haufen aus Reisig errichtet hatten, um ihn anzuzünden. Es waren mehrere Mönche da, die psalmodierten und beteten. Ich empfand keine Dankbarkeit. Ich fand es unverschämt, daß sie für mich beteten. Ich muß ein ziemlich schlechter Mensch sein ... Ich haßte die Mönche, weil sie da waren, um mich sterben zu sehen ... Die Schmerzen waren zum Wahnsinnigwerden. Man sollte zu Gott beten, wenn man stirbt, sofern man unter solchen Schmerzen beten kann. Im Traum betete ich nicht zu Gott ... Ich wußte nicht, daß man blutet, wenn man verbrannt wird. Ich meinte, das Blut müßte in der entsetzlichen Hitze völlig austrocknen. Aber ich blutete heftig. Das Blut tropfte und zischte in den Flammen. Ich wünschte, ich hätte genügend Blut, um die Flammen auszulöschen. Das schlimmste waren die Augen. Mir graut davor zu erblinden ... In diesem Traum wurde ich blind. Ich versuchte die Augen zu schließen, konnte es aber nicht. Die Augenlider mußten weggesengt worden sein ... Trotz allem waren die Flammen nicht so unbarmherzig. Sie fingen an, kalt zu werden. Eisig kalt. Es kam mir vor, als würde ich nicht verbrennen, sondern erfrieren. Ich war steif vor Kälte, und plötzlich begann ich zu lachen. Ich hatte sie überlistet, die gemeint hatten, sie könnten mich verbrennen. Ich hatte die Flammen verhext und sie in Eis verwandelt.»

Daß eine solche Schilderung von einer im übrigen sachlichen, ganz und gar nicht affektierten Frau «erdichtet» sein könnte, ist ziemlich unwahrscheinlich.

Sie gibt jedoch ein großes Rätsel auf: Wie ist eine derartige Erinnerung möglich? Und warum ist sie so selten? – Dies zu beantworten würde eine tiefe Einsicht in das Rätsel des Menschenwesens erfordern.

Was den Reinkarnationsgedanken selbst betrifft, so mögen viele eine Art «Gefühlserinnerung» an ein früheres Erdendasein haben oder auf andere Weise zu einer mehr oder weniger festen Überzeugung gelangt sein. Und daß es sich dabei nicht nur um weltfremde Träumer handelt, beweist der erste, den wir hier anführen wollen: der Automobilkönig Henry Ford. Seine Ansicht bekundete er unter anderem in einem Gespräch mit dem Philosophen Ralph Waldo Trine: «Was einige für eine besondere Gabe oder ein Talent zu halten scheinen, das ist nach meiner Ansicht die Frucht langer, in vielen Leben erworbener Erfahrung. Dazu muß ich aber vorausschicken, daß ich glaube, daß wir wiedergeboren werden. Sie und ich, wir alle werden viele Male wiedergeboren, leben viele Leben und speichern reiche Erfahrung auf. Je mehr Leben wir hinter uns haben, desto mehr wissen wir. Die scheinbar intuitive ‹Gabe› ist in Wirklichkeit schwer erworbene Erfahrung.»

Erfrischend ist auch ein anderer, nicht minder berühmter Amerikaner, der Erfinder des Blitzableiters, Benjamin Franklin. Lange bevor er Staatsmann und anderes mehr wurde, war er Buchbinder und verfaßte damals die Grabinschrift, die er sich wünschte: «Hier liegt, den Würmern zur Speise, der Leib B. Franklins, Drucker, gleich dem Einband eines alten Buches, dessen Inhalt herausgerissen wurde und von dem Beschriftung und Vergoldung abgeblättert sind. Doch das Werk wird nicht verlorengehen, da es, wie er glaubte, in einer neuen und vollkommeneren, durch den Autor verbesserten und ergänzten Ausgabe wieder erscheinen wird.»

Viele Namen aus der geistigen Blütezeit Mitteleuropas ließen sich anführen, allen voran Goethe. Die meisten sind heute vergessen. Aber auch im Norden hat es fragende Stimmen gegeben. Henrik Ibsen hat sich wohl niemals direkt ausgesprochen – das war nicht seine Art. Aber in seinem Drama *Kaiser und Galiläer* findet sich ein Gespräch zwischen Kaiser Julian und dem Mystiker Maximos, wo der Reinkarnationsgedanke gewissermaßen über den Worten schwebt. Julian ist in Bedrängnis; eine entscheidende Schlacht steht bevor. Die Vorzeichen sind unklar, Julian schwankt. Maximos versucht, ihm Vertrauen in den Sieg einzuflößen: «Weisen nicht alle Zeichen und Omen mit untrüglichem Finger gerade auf dich? Muß ich dich an den Traum deiner Mutter erinnern?» – Kaiser Julian: «Ihr träumte, sie gebäre den Achilleus.» – Maximos: «Wer bist du, Herr? Bist du der wiedergekommene Alexander, unfertig damals, jetzt gereift und gerüstet, das Werk zu vollbringen? ... Es ist *einer*, der stets nach gewissen Zeitabständen im Leben des Menschengeschlechts wiederkehrt. Er ist gleichsam ein

Reiter, der ein wildes Pferd in der Reitbahn zähmen soll. Jedesmal wirft ihn das Pferd ab. Eine Weile, und der Reiter ist wieder im Sattel, immer sicherer, immer geübter ....»

Es läßt sich natürlich darüber diskutieren, wie real und konkret hier der Reinkarnationsgedanke gemeint ist. Daß er aber Julian dicht auf den Leib rückt, ist deutlich.

Von den norwegischen Dichtern unseres Jahrhunderts, die in diesem Zusammenhang erwähnt werden müßten, sind insbesondere Olav Aukrust und Inge Krokann zu nennen. Wir wollen hier nur eine Strophe des erstgenannten, bedeutenderen aufnehmen:

Die Zeit muß zerbrechen, wo die Ewigkeit sprießt –
Herr, werd erneut ich geboren auf Erden
und sehe, daß wutschnaubender noch, grausiger, wilder,
klarer noch und unverhüllter der Kampf sich verschärft,
zwischen Michael und dem Drachen,
dann laß mich getreu, in heiligem Verlangen
dir dienen, erprobt durch und durch, lauter und rein:
nimm mich auf in die Schar derer, die allein
um deines Namens willen in Drangsal stehen,
daß dann für das wahr-schöne Gute
ich all meine Kräfte aufbiete!

Unter den schwedischen Stimmen vernehmen wir vor allen anderen August Strindberg und Selma Lagerlöf. Grundverschieden ist die Haltung, die sie zu dem Gedanken einnehmen. Strindberg schreibt in seinem Buch *Inferno*: «Ich bin in der Hölle, und die Verdammnis lastet auf mir. Wenn ich meine Vergangenheit durchgehe, mutet mich meine Kindheit bereits als ein Gefangenenhaus, eine Folterkammer an. Und man braucht, um die einem unschuldigen Kinde auferlegten Leiden zu erklären, nur die Annahme einer früheren Existenz, aus der wir nach hier unten zurückgeworfen worden, um die Folgen vergessener Fehler zu ertragen.»

Selma Lagerlöf ist in ihrer Dichtung zurückhaltend. Nur an seltenen Stellen tritt der Gedanke klar hervor. In die Sammlung *Unsichtbare Bande* hat sie eine Erzählung von einem alten Schuster aufgenommen, der in die Heilsarmee eintritt. Der Schuster, an dem nie zuvor irgendwelche Geistesgaben oder Autorität wahrzunehmen waren, entwickelt dort eine unerhörte Kraft in seiner Verkündigung. Die Menschen in den Versammlungen werden von seiner Strafpredigt erschüttert, händeringend fallen sie scharenweise auf die Knie. Höchstwahrscheinlich hat der Autorin eine tatsächliche Begebenheit vor Augen gestanden. Sie fragt: War er ein gefallener König? War es seine vormalige Autorität, die in seinem Wort plötzlich wieder hervortrat?

Ihre persönliche Ansicht äußerte sie in einem Brief an ihre Nichte Stella Rydholm. Darin schreibt sie, nachdem sie schwierige Religionsfragen berührt hat, sie wünschte sich, daß die Menschen sich mehr auf den Reinkarnationsgedanken stützen würden, «aber es wird wohl noch lange dauern, ehe das allgemeiner Glaube wird».

Und dann ist da Søren Kierkegaard, der vielleicht scharfsinnigste, leidenschaftlichste Wahrheitssucher Dänemarks und des Nordens. Kierkegaard rang sich zu einer fundamentalen Erkenntnis von der Wirklichkeit und Macht des Geistes durch. Sein Weg sollte der Weg des einzelnen werden. Kierkegaard bejahte seine prophetische Berufung. In einer hinterlassenen Notiz lesen wir: «‹Schreibe›, sprach jene Stimme, und der Prophet antwortete: ‹für wen?› Die Stimme sprach: ‹für die Todten, für die, die du in der Vorwelt lieb hast.› – ‹Werden sie mich lesen?› – ‹Ja, denn sie kommen zurück als Nachwelt.›»

Weit mehr noch als die hier erwähnten Stimmen könnten zu Worte kommen. Wie wohlbegründet aber ihre Auffassungen auch sein mögen, als «Beweis» können und sollen sie nicht dienen. Geistige Wahrheit zwingt sich der Erkenntnis nicht auf. Wenn die Wahrheit etwas bedeuten soll, muß sie in Freiheit ergriffen werden. Nur dann kann sie zu einer Erhöhung unseres Lebens beitragen.

In den ersten christlichen Jahrhunderten fand der Glaube an die Reinkarnation bedeutende Befürworter und eine gewisse zeitliche Ausbreitung. Doch als die Kirche das geistige Erbe des Römerreichs übernahm, wurde der Gedanke wiederholter Erdenleben als gefährliche Irrlehre verurteilt. Unter anderem, weil er sich nicht mit dem religiösen Monopol der Kirche verträgt.

In vorkirchlichen Zeiten wurde er meist als eine Offenbarungswahrheit aufgefaßt, als etwas von oben Gegebenes. Das wird er heute nicht mehr sein können. In unserer Zeit muß er gewissermaßen von unten her errungen werden. Darin besteht der Fortschritt!

Wie zu Beginn erwähnt, ist der Reinkarnationsgedanke in der östlichen Welt weit verbreitet. Doch mangelt es ihm dort an etwas ganz Wesentlichem. Die Anschauung des Ostens kennt keinen Entwicklungsgedanken, sondern ist, wie der Buddhismus, geprägt von der Hoffnung auf Befreiung von weiteren Erdenleben.

Hier im Westen dagegen wurde gerade der Gedanke der Entwicklung führend. Aber auch ihm mangelt es vorläufig an etwas Wesentlichem. Er ist bis jetzt kaum dazu erweitert worden, das Innerste und Eigentliche des Menschen, unsere unsterbliche *Individualität* mit einzubeziehen. Soll der Entwicklungsgedanke in uns selbst – als den Menschen, die wir sind – seine Bestimmung erfüllen, muß er hier mit dem Reinkarnationsgedanken verbunden werden. Entsprechend muß die Reinkarnationslehre im Osten durch den Entwicklungsgedanken einen neuen, positiven Sinn bekommen.

Der Mensch dahinter

Auf den folgenden Seiten werden einige Lebensgeschichten erzählt. Sie mögen für sich selbst stehen. Sie können aber auch unter der Perspektive gesehen werden, die der Gedanke wiederholter Erdenleben eröffnet. Sie sprechen nicht laut von Reinkarnation. Aber sie erzählen vom Wesen des Menschen hinter seiner eigenen Biographie. Ist dieses Wesen mit dem Bild, das es hinterläßt, zu Ende und vorbei? Ist nicht der Mensch etwas für sich? Etwas über die Worte und Taten, Leiden und Geschehnisse hinaus, die von ihm bleiben? Etwas, das weitergeht?

Wir wollen folgende Betrachtung anstellen:

Die Pflanze setzt ihr Leben durch das Samenkorn fort. Das Tier setzt seine Art durch die Nachkommen fort. Dasselbe läßt sich auch vom Menschen sagen. Aber es muß da noch etwas hinzugefügt werden: Der Mensch ist nicht nur ein Exemplar der Art «Homo sapiens». Jeder einzelne Mensch – ob groß oder klein – ist darüber hinaus seine *eigene Art*. Er ist etwas, was keiner außer ihm ist – nämlich er selbst, sein eigenes individuelles Ich.

Muß nicht auch dies eine Fortsetzung haben?

Wir können schwerlich etwas anderes glauben. Viele erschrecken bei dem Gedanken, daß der Mensch «noch etwas darüber hinaus» ist. Und die Furcht inspiriert sie dazu, gute Gründe für das Gegenteil zu finden. Hier wollen wir probieren, Furcht und Hoffnung gleichermaßen fernzuhalten. Wir wollen, wenn immer möglich, versuchen, den Menschen *dahinter* aufzuspüren. Vielleicht gelingt uns dies nur ein kleines Stück weit. Doch das allein lohnt schon die Mühe. Es kann einen ersten Schritt bedeuten auf dem Weg zur Gewißheit.

Das Genie, das die Hieroglyphen entzifferte

Jean-François Champollion heißt der Mann, und geboren wurde er im Jahre 1790 in Figeac, einer südfranzösischen Kleinstadt. Der Vater war ein verarmter Buchhändler. Die Mutter hatte schon nahezu das Alter erreicht, in dem eine Frau kein Kind mehr erwarten kann.

Champollions Biographie ist fast ebenso bemerkenswert wie seine Genialität. Es ist, als ob zwei völlig verschiedene Leben in ein und derselben Existenz zusammengedrängt wären. Das eine erscheint ganz natürlich. Es ist das Leben desjenigen Champollion, der im Zeitalter Napoleons aufwuchs und im großen und ganzen ein echtes Kind seiner unruhigen Epoche war. Doch in dieser Existenz ist ein anderer eingelagert: der «Ägypter», der Fremde, derjenige, der mit «genialer Intuition» eines der größten Probleme der Wissenschaft löste.

Bereits bei der Geburt ereignete sich etwas «Ägyptisches». Die Mutter erkrankte so schwer, daß sich der Buchhändler schließlich nicht mehr anders zu helfen wußte, als nach einem gewissen Jacquou zu schicken, von dem die Leute sagten, er sei zauberkundig. Jacquou gab genaue Anweisungen, was zu tun war, und sagte dann: Sobald sie entbunden ist, wird sie wieder vollkommen genesen. Und sie wird einen Sohn gebären, dessen Ruhm viele Jahrhunderte überstrahlen wird.

Am Tag vor Heiligabend kam der Junge zur Welt und wurde sogleich getauft. Sein zwölf Jahre älterer Bruder, Jacques Joseph, stand Pate. Dieser Jacques Joseph wird übrigens als ein ungewöhnlich begabter Mensch von flexibler gallischer Intelligenz geschildert. Zudem war er ehrgeizig und besaß die beachtliche Fähigkeit, sich und seinem Bruder die richtigen Verbindungen zu verschaffen.

Zwischen diesen beiden Brüdern bestand das ganze Leben hindurch eine derart besondere Beziehung, daß man versucht ist zu sagen: vorherbestimmt! Sie hatten sich «verabredet», Brüder zu werden. Die Biographie und das ganze Schicksal des einen sind überhaupt nur als Teil von Biographie und Schicksal des anderen zu verstehen. Und die Patenschaft erscheint als ein wirkliches Symbol für diese Beziehung; darin drückt sich exakt aus, wie sie zueinander standen. In allen äußeren Dingen ist es Jacques Joseph, der den Weg bahnt und ebnet und sein geniales «Brüderchen» beschützt und unterstützt.

Abgesehen von seiner Beziehung zum Bruder ist Champollion jedoch erstaunlich einsam und ohne familiäre Bindung. Bereits mit zehn Jahren kommt er für immer von zu Hause fort. Und im Grunde bleibt er fortan sein ganzes Leben heimatlos.

Das, was ihm bei der Geburt prophezeit worden war, machte einen starken Eindruck auf die Familie, die dem französischen Kleinbürgertum angehörte und im übrigen von typischer Provinzialität gewesen sein muß. Von Anfang an achteten sie auf seltsame Begebenheiten. Eines Tages, als der Knabe erst zweieinhalb Jahre alt war, ging ein furchtbares Gewitter nieder. Plötzlich bemerken sie, daß das Kind verschwunden ist. Es wird überall gesucht, und schließlich finden sie den Knaben hoch oben auf dem Dach in heller Begeisterung. Was er da mache? – Er möchte so gerne etwas von dem Licht am Himmel herunterholen! Der Sternenhimmel entzückte ihn wie nichts sonst. Es wird berichtet, daß er stundenlang dasitzen und zu ihm hinaufstarren konnte. «Um die Sternenschrift zu lernen», soll er einmal gesagt haben.

Früh zeigte das Kind sonderbare Stimmungsschwankungen. Wurde es Zeuge unbarmherziger oder ungerechter Handlungen, konnte es sich geradezu in einen Vulkan verwandeln. Es sind manche Anekdoten überliefert, die deutlich zeigen, daß die Zeit, die «Freiheit, Gleichheit und Brüderlichkeit» hervorbrachte, ebenso in ihm lebte, wie er in ihr.

Das Aussehen des Knaben mutete fremdartig an. Dunkel, mit feurigen mandelförmigen Augen und gelblicher Hornhaut, glich er einem Orientalen. Eine gewisse Ruhe und Würde umgaben ihn. Und mit den Jahren nahm dieses Orientalische noch zu, so daß man ihn später nur den «Ägypter» nannte.

Champollion war höchstens sieben Jahre alt, als das Wort Ägypten in magischem Glanz vor ihm zu erstrahlen begann. Seinem älteren Bruder war zugesichert worden, als wissenschaftlicher Assistent an Napoleons Feldzug von 1798 teilnehmen zu dürfen, und als aus der Reise nichts wurde, war die Enttäuschung so groß, daß der Vater allen im Hause für lange Zeit verbot, Ägypten auch nur zu erwähnen.

Lange bevor er zur Schule ging, lernte er lesen, und das Merkwürdige ist, daß er dabei genau dasselbe Prinzip anwandte, das ihm später ermöglichen sollte, die Hieroglyphen zu entziffern. Die Mutter war sehr religiös, jeden Abend las sie in ihrem Andachtsbuch. Aber wie so viele Menschen in früheren Zeiten konnte sie nicht lautlos lesen, sie mußte die Wörter aussprechen. Der Knabe hörte das, und es dauerte nicht lange, bis er das ganze Andachtsbuch auswendig konnte. Dann nahm er sich das Buch vor. Und nun ging es vom Inhalt zu den Sätzen, von den Sätzen zu den Wörtern, von den Wörtern zu den Silben und schließlich zu den einzelnen Buchstaben. Vollkommen analytisch.

Allmählich waren durch die Revolution die Zustände in Figeac immer chaotischer geworden. An den Straßenecken, wo früher Heiligenfiguren gestanden hatten, stand nun die jakobinische «Göttin Vernunft». Besonders stark wirkten sich Terror und Atheismus in den Schulen aus. Inzwischen aber hatte Jacques Joseph in Grenoble, der alten Universitätsstadt und Hauptstadt des Départements, eine gute Stellung gefunden, und entschlossen nahm er seinen zehnjährigen Bruder zu sich, damit dieser dort weiter zur Schule gehen und eine Ausbildung erhalten konnte.

Und nun setzt eine Kette von Ereignissen ein, von denen jedes für sich genommen genauso zufällig oder willkürlich erscheinen muß wie die Buchstaben eines Wortes, wenn man sie gesondert betrachtet. Erst wenn man ihren Zusammenhang entdeckt, enthüllen sich einem ihre Ordnung und Bedeutung. Damit dies geschieht, muß man sich zu einer geistigen Vogelperspektive aufschwingen. Jacques Joseph war «zufällig» Sekretär des Départements-Präfekten geworden. Und wer war «zufällig» dieser Präfekt? Kein anderer als der berühmte Mathematiker und Physiker Fourier. Und Fourier hatte «zufällig» an Napoleons Ägyptenfeldzug teilgenommen, bei dem der *Stein von Rosette* gefunden wurde – ein großer Basaltstein mit Inschriften in drei verschiedenen Sprachen: Griechisch, einer unentzifferbaren Kursivschrift und zahlreichen Hieroglyphen. Mithin ein Schlüssel! Nur daß dieser Schlüssel unbrauchbar war, weil niemand eine Ahnung hatte von der Sprache des Hieroglyphentextes. Fourier hatte überdies als erster Europäer eine Sammlung altägyptischer Kunstgegenstände mitgebracht, darunter auch mit Hieroglyphen beschriebene Papyrusrollen. Niemand aber wußte, ob diese von links nach rechts, von rechts nach links, von unten oder von oben her zu lesen waren. Annähernd siebenhundert verschiedene Zeichen! Auch ob es sich dabei um ganze Wörter, um Silben oder Buchstaben handelte, konnte keiner mit Bestimmtheit sagen. Einzig dies wußte man sicher, daß die Sprache längst ausgestorben war!

Jean-François war zu jener Zeit ein «schwieriges Kind». Seine Gemütsverfassungen schwankten zwischen unbändiger Lernwilligkeit und Begeisterung und einem fast apathischen Zustand. Einzelne Schulfächer, besonders Kopfrechnen, waren ihm unerträglich. Sprachen dagegen lernte er mit solch spielerischer Leichtigkeit, daß er bereits als Zehnjähriger Homer auf Griechisch lesen konnte. Lange Partien lernte er auswendig, um Tonfall und Rhythmus auszukosten. Mit zwölf Jahren las er das Alte Testament auf Hebräisch. Die Sprachkenntnisse vermehrten sich förmlich, mit sechzehn, siebzehn Jahren beherrschte er neben Latein, Griechisch und Hebräisch ziemlich gut Arabisch, Syrisch, Persisch und Sanskrit. Darüber hinaus begann er, sich das *Koptische* anzueignen, die altäthiopische Kirchensprache, die unter den europäischen Gelehrten der damaligen Zeit kaum bekannt war, von der Champollion jedoch «zufällig» gehört hatte. Seine umfassenden Kenntnisse in ebendieser Sprache waren es, die ihn dann später bei den Hieroglyphen auf die richtige Spur brachten.

Jacques Josephs erster Gedanke war nun, wenn irgend möglich bei Fourier Interesse für seinen begabten Bruder zu wecken. Es wurde vereinbart, daß er mit ihm zusammen Fourier besuchen sollte. Doch die erste Begegnung mit dem berühmten Gelehrten verlief nicht gerade erfolgreich. Die altägyptischen Gegenstände im Hause des Präfekten machten auf den Jungen einen derart überwältigenden und unauslöschlichen Eindruck, daß es ihm buchstäblich die Sprache verschlug. – Später hat er selbst erzählt, daß er im selben Augenblick, in dem er die Sammlung erblickte, blitzartig, mit vollkommener Gewißheit wußte, daß *er*, gerade er dazu berufen war, die geheimnisvollen Zeichen zu entziffern, und daß er dieser Aufgabe sein Leben widmen wollte. – Jacques Joseph aber zeigte sich enttäuscht, da Fourier nicht im geringsten beeindruckt war.

Die ersten Jahre in Grenoble wohnte Jean-François bei seinem Bruder. Es war eine glückliche Zeit, und die Schulkameraden erzählten später, er habe die Schulbücher mit sonderbaren Zeichen, die er «ägyptische Schrift» nannte, gefüllt und auch die Stühle und Tische und was ihm unter die Hände kam damit beschrieben.

Schlimmer wurde es, als er ins Lyzeum eintrat. Napoleon, inzwischen zum Kaiser gekrönt, wünschte, daß man Beamte, Offiziere und Ingenieure ausbildete. Zugleich sollten der Jugend Disziplin und «patriotische Gesinnung» eingeprägt werden. Die Schulen wurden daher zu regelrechten Kasernen umgeformt; mit einem Trommelwirbel um halb sechs Uhr früh begann der Tag, und so ging es mit militärischer Pünktlichkeit von Stunde zu

Stunde fort, bis die Zöglinge abends zu Bett gehen mußten. Nicht einen Augenblick lang durften die Jugendlichen ihren eigenen Gedanken nachhängen. Für den ungleichmäßig begabten und unregelmäßig entwickelten Champollion wurde das Ganze zu einer schrecklichen Tortur. Einzig nachts, wenn die anderen schliefen, konnte er heimlich an seinem ersten Werk, *Ägypten unter den Pharaonen*, arbeiten oder seine Sprachstudien fortsetzen. Man vermutet, daß seine Gesundheit in diesen Jahren stark angegriffen wurde und er sich davon nie mehr ganz erholte. Besonders in Mitleidenschaft gezogen wurden die Augen.

Gerade dadurch aber sollte er der Wissenschaft erhalten bleiben! Ausgestattet mit einer robusten Natur und guten Augen, hätte er sich dem siebenjährigen Militärdienst niemals entziehen können, den Napoleon einige Jahre später anordnete. Champollion entging ihm nur um Haaresbreite. Aber auch unter einem weiteren Gesichtspunkt bilden die Jahre der Drangsal am Lyzeum einen notwendigen Teil seiner Biographie und damit von ihm selbst. Er war ja nicht nur der «Ägypter», er war gleichzeitig auch ein Mensch, in dessen Herzen die Idee der Freiheit glühte. Nicht zuletzt sollte ihn die Arbeit für pädagogische Reformen in Anspruch nehmen. Kraftvolle Impulse wurden an der Schule geweckt, Impulse, die ganz und gar Teil von Champollion waren.

Mit knapp siebzehn Jahren, vier Tage nachdem er die Abschlußprüfung am Lyzeum bestanden hatte, hielt er seine erste Vorlesung an der wissenschaftlichen Akademie über das Ägypten der Pharaonenzeit. Die Ergebnisse, zu denen er gekommen war, stützten sich vor allem auf koptische Handschriften und fanden solchen Anklang, daß er noch am selben Abend zum Mitglied der Akademie gewählt wurde – eine Ehre, die ihn weit über seine früheren Quälgeister an der Schule heraushob.

Die folgenden Jahre finden wir ihn in Paris, wo er bettelarm und meist damit beschäftigt ist, «Verbindungen» zu knüpfen. Ohne solche nämlich kam man nirgends hin. Es sprach sich nun herum, daß er beabsichtigte, das Rätsel der Hieroglyphen zu lösen. Alle seine Lehrer – die berühmtesten Orientalisten der Zeit – bedauern, daß ein so begabter junger Mann seine Kräfte an ein hoffnungsloses Unterfangen verschwenden will. Einzig Jacques Joseph glaubt an ihn. Er ist es auch, der ihm aus seinem bescheidenen Gehalt Geld vorschießt, so daß er knapp seinen Lebensunterhalt bestreiten kann. Inzwischen hat Fourier ihn unter seine Fittiche genommen, und noch ehe er das Mündigkeitsalter erreicht hat, wird er Geschichtsdozent an der Universität Grenoble.

In den nun folgenden sieben Jahren rückte die Arbeit an den Hieroglyphen in den Hintergrund. Zum einen wurde Champollion stark von den Verhältnissen an der Universität und später auch von der politischen Entwicklung in Anspruch genommen. Zum anderen scheint es, daß er sich festgefahren hatte. Alles in allem war es ihm gelungen, drei oder vier Zeichen mit einiger Wahrscheinlichkeit zu bestimmen. Und einen Beweis für seine Grundidee von der nahen Verwandtschaft des Altägyptischen mit dem Koptischen besaß er nicht.

Merkwürdigerweise waren beide Brüder Champollion eifrige Bonapartisten. Ihre Biographen haben für dieses Phänomen keine andere Erklärung gefunden, als daß Napoleon es war, der durch seinen Feldzug von 1798 Europa für Ägypten die Augen geöffnet hatte. Ein paar Jahre nach Napoleons Sturz wurde Jean-François in eine seltsame Angelegenheit verwickelt, die seine Karriere an der Universität jäh beendete und ihn um ein Haar aufs Schafott gebracht hätte. Es begann mit dem phantastischen Gerücht, Napoleon sei von St. Helena zurückgekehrt, Paris bereits eingenommen und Ludwig XVIII. auf der Flucht. Die Truppen des Imperators würden sich Grenoble im Eilmarsch nähern. Champollion nahm das Gerücht mit Begeisterung auf. Und in der darauffolgenden Nacht kletterte er an der Spitze eines Grüppchens Studenten zu der Festung hoch über der Stadt empor, die den Regierungstruppen als Garnison diente. In einem fast unglaublichen Handstreich gelang es ihnen, die Wachen zu überrumpeln und den größten Teil der Mannschaft einzusperren. Und als die guten Bürger von Grenoble am nächsten Morgen erwachten, sahen sie zu ihrem Erstaunen statt des Lilienbanners der Bourbonen die Trikolore über der Stadt wehen – gehißt von keinem anderen als Jean-François Champollion.

Die Sache platzte, Champollion wurde verhaftet und sollte wegen Hochverrats angeklagt werden. Die Regierung sandte einen Sonderbeauftragten, um sich über das Ausmaß der Affäre zu unterrichten. Die Situation war ziemlich ernst. Wenn da nicht der Umstand gewesen wäre, daß es sich bei diesem Beauftragten um einen Menschen mit einem bei Kommissaren seltenen Sinn für Humor handelte, ließe sich schwerlich sagen, wie die Sache ausgegangen wäre. Er erwies sich überdies als Jugendfreund und Freundesfreund hochstehender Persönlichkeiten, die ihre Hand über Champollion hielten. Kurz, es gelang, das Ganze als einen zu weit getriebenen Scherz abzutun, und da es nicht zu einem Blutvergießen gekommen war, ließ man die Sache auf sich beruhen, unter der Bedingung, daß Champollion sich einige Jahre der Universität fernhielt!

Für Champollion selbst war dies wie ein Signal. Allzulange hatte er die Hieroglyphen vernachlässigt. Nun war es, als ob eine höhere Hand eingegriffen hätte, und tatsächlich blieb ihm nichts anderes zu tun, als die Hieroglyphen zu entziffern!

Für einen Nichtfachmann ist es natürlich unmöglich, Champollion bei seinem Weg zum Ziel zu folgen. In Grimbergs Weltgeschichte jedoch, in der ein anregender Abschnitt über diese wissenschaftliche Meisterleistung eingeflochten ist, finden sich einige

Beispiele. Man hatte festgestellt, daß einzelne Hieroglyphenzeichen auf dem Stein von Rosette mit einer Art Ellipse umgeben waren und daß die Zahl solcher Ellipsen derjenigen der Herrschernamen im griechischen Text entsprach. Champollion begann daher, systematisch sämtliche bekannten Inschriften im Hinblick auf mögliche Herrschernamen zu durchforschen. So findet er zum Beispiel eine Inschrift wie die folgende:

Er hat gute Gründe, die beiden letzten Zeichen als S zu lesen. Das erste muß das Symbol für die Sonne sein. Und Sonne heißt auf koptisch Re oder Ra. Das Zeichen in der Mitte deutet er mit Hilfe von etwas, wofür Grimberg keine andere Bezeichnung weiß als «geniale Intuition», und kommt zu dem Schluß, daß dieses Zeichen «Geburt» bedeutet. Das Wort gebären hängt im Koptischen mit einer Wurzel zusammen, die Mas oder Mes heißt (wie in den meisten älteren Alphabeten sind die Vokale oft nicht eindeutig). «RA MAS SES», liest Champollion, das heißt *«Ramses»*. Wenn dies stimmt, beginnt sich nicht nur die alphabetische Bedeutung der Zeichen zu klären. Viel entscheidender ist die Tatsache, daß damit auch bewiesen ist, daß das Koptische den Schlüssel für die altägyptische Sprache bildet. Eine andere Inschrift enthält zum Beispiel zuerst den Ibis, darauf das Zeichen für Geburt und zuletzt die Geißel:

Hier hilft das koptische Wort für Ibis nicht weiter. Lange bleibt er ratlos. Plötzlich aber fällt ihm ein: Der Ibis war ja dem Gott Thot geweiht – *«Thotmes»* liest Champollion. Vorderhand ist das bloße Vermutung, und es muß alles nach und nach bestätigt werden. Vier Jahre arbeitet er sozusagen Tag und Nacht, und allmählich wächst das Werk. Ein «Fund» bestätigt den anderen. Licht um Licht geht auf im Dunkeln. Die Schwierigkeiten erscheinen oftmals fast unüberwindlich, da jede Hieroglyphe je nach Zusammenhang und Art des Textes ganz verschiedene Bedeutungen haben kann. Ein Gesicht beispielsweise kann als Zeichen für eine ganze Reihe von Kombinationen aus H und R stehen, mit verschiedenen Vokalen oder ohne. Und der Sinn kann zwischen allem möglichen variieren, von «ein Zelt aufschlagen» bis zu den Präpositionen «auf, um, für». Bisweilen muß vorwärts, bisweilen rückwärts gelesen werden und so weiter.

Natürlich kann man im nachhinein Champollions Kombinationsgabe ein großes Stück weit folgen; man sieht, wie er von seinen Sprachkenntnissen

Gebrauch macht, seiner Vertrautheit mit der ägyptischen Mythologie und vielem anderen mehr. Unausweichlich aber kommen wir zu einem *Sprung* im Denken – zu dem, was als «geniale Intuition» bezeichnet wird und was niemand, nicht einmal Champollion selbst, zu erklären vermag.

Ein Erbe der Vorfahren? Kann er von südfranzösischen Bauern die Fähigkeit geerbt haben, in der mittleren Hieroglyphe des Wortes Ramses das Zeichen für «Geburt» zu erkennen?

In den Jahren, in denen er mit dem «Schlüssel» arbeitet, lebt er ganz zurückgezogen; der einzige, der ihn fortwährend ermuntert, ist sein Bruder. 1822 schließlich kommt er mit einem dicken Manuskript unter dem Arm zu seinem Bruder hereingestürzt. «Ich hab's!» ruft er und sackt im gleichen Augenblick bewußtlos zu Boden. Mehrere Tage schwebt er zwischen Leben und Tod, schließlich kommt er wieder zu sich, wird jedoch erst nach langer Pflege gesund.

Daß er ohnmächtig wurde, mag natürliche Ursachen gehabt haben. Trotzdem ist man geneigt, an die ägyptische Einweihung zu denken, die, wie berichtet wird, in einem dreitägigen «Tempelschlaf» gipfelt.

Es sollte noch lange dauern, bis ihm Anerkennung zuteil wurde. Die Gelehrtenwelt wollte sich anfangs überhaupt nicht auf die Möglichkeit einlassen, daß das Rätsel der Hieroglyphen zu lösen war. Der erste, der ihn ernst nahm, war Alexander von Humboldt. Ganz allmählich kam es auch in Frankreich zu einem Stimmungsumschwung. Und dann trifft dasjenige Ereignis ein, das für ihn selbst das bedeutendste ist: Er wird zum wissenschaftlichen Leiter einer vom französischen Staat finanzierten Ägypten-Expedition ernannt. Von all den Merkwürdigkeiten in Champollions Biographie ist das, was von seinem Aufenthalt in Ägypten erzählt wird, das Sonderbarste. «Macht euch keine Sorgen um uns», sagte er beim Abschied in Frankreich, «über uns wachen die Götter Ägyptens.» Und in Champollions Mund war dies kein leichtsinniger Scherz. Kaum hatte er den ägyptischen Boden betreten, kniete er nieder und küßte ihn. Er trank vom trüben Wasser des Nils und nannte es den Champagner unter den Gewässern. Er legte seine europäischen Kleider und Gewohnheiten ab, kleidete sich wie die Eingeborenen, sprach ihre Sprache und eignete sich ganz und gar ihre Lebensweise an. Endlich hatte er das Land erreicht, in dem er sich auch rein körperlich zu Hause fühlte. Daher ist es zweifellos mehr als nur eine Phrase, wenn er vor einer Kolossalstatue von Menes ausruft: «Oui, Menes, je revois mon antique patrie!» (Ja, Menes, ich besuche meine alte Heimat wieder!) Oft wünscht er, allein in den Grabkammern und Tempeln gelassen zu werden, wo die Wände mit Hieroglyphentexten bedeckt sind. Dann arbeitet er wie in Ekstase, erzählen die Assistenten, bis er oftmals nach der gewaltigen Anstrengung bewußtlos umfällt. Er *liest* die Inschriften, es ist wie eine Offenbarung! Als ob ihm zuvor eine Ahnung von ihrem

Inhalt eingegeben worden wäre und er sich daher mit untrüglichem Instinkt zur Bedeutung der einzelnen Zeichen vortasten konnte.

Als die Expedition nach Hause zurückkehrte, wurde Champollion mit Ehrungen überhäuft. Er wurde zum Professor und höchsten Leiter des ägyptologischen Instituts in Paris ernannt. Doch scheint es fast, als sei er nicht mehr heimisch geworden in Europa. Klima, Umwelt, Lebensweise – alles war ihm mehr oder weniger fremd geworden. Die Kräfte schwinden, einzig während der Vorlesungen scheinen seine ehemalige Kraft und Glut wieder aufzulodern. Gegen Ende des Jahres 1831 erleidet er einen Schlaganfall. Danach ist er teilweise gelähmt. Er stirbt im Frühling darauf, in seinem zweiundvierzigsten Lebensjahr.

Wie weit und wohin kommen wir, wenn wir eine solche Biographie aus Erbe und Milieu heraus zu erklären versuchen? Ein Stück weit, mag sein, das soll keineswegs bestritten werden – ebensowenig, daß wir alle eine ganze Menge von den uns vorangehenden Generationen erben. In der Tat erben wir unseren ganzen Körper. Das Ererbte wird jedoch modifiziert und unserem individuellen Wesen angepaßt. Es wird persönlich gemacht. Wie geschieht das? Auf diese Frage weiß die einschlägige Wissenschaft keine Antwort. Um antworten zu können, müßte sie wahrscheinlich über ihre naturgegebenen Grenzen hinausgehen.

Wenn wir hier behaupten, das modifizierende Prinzip stamme aus früheren Erdenleben, es sei eine Kraft, die jeder Mensch aus vorhergehenden Inkarnationen mitbringe – ja, da werden viele sagen, daß wir uns gewissermaßen zwischen zwei Stühle setzen: das sei weder ordentliche Wissenschaft noch frommer Gottesglauben!

So muß es etwas Drittes sein, das Ergebnis dessen nämlich, was eine unbefangene Anschauung aus höchst unterschiedlichen Biographien herauslesen kann. Wir wagen, dies eine behutsam beginnende *Geisteswissenschaft* zu nennen. Ähnlich derjenigen Wissenschaft, die in einem Gemälde mehr sieht als bloß eine mit Farben bedeckte Leinwand: die im Bild eine Idee zu erblicken vermag.

Der arme Junge, der die Volkshochschule ins Leben rief

In der Geschichte der Pädagogik erscheint Kristen Kold als eine halbvergessene Gestalt am Rande der Entwicklung. Abgesehen von einer ganz kleinen Abhandlung, *Über die Kinderschule*, hat er weder dicke noch dünne Bücher hinterlassen. Was von Kristen Kold blieb, war ein in die Seelen derjenigen geschriebenes Werk, die ihm begegneten, vor allem seiner vielen Schüler. Sie zählten schließlich nach Tausenden, besonders wenn wir die Schüler seiner Schüler mit berücksichtigen. Denn Kristen Kold war der Begründer der nordischen *Frei*schulen und *Volks*hochschulen.

Es war Grundtvig, der den Segen zu den Volkshochschulen gab. Daher wurden sie zum Teil auch nach ihm benannt. Eigentlich zu Unrecht. Derjenige, der die Idee hatte und sie auch *verwirklichte*, war Kristen Kold. Er rief die erste Volkshochschule ins Leben und focht sie gegen die Abneigung der Gelehrten durch.

Die Freischule entstand zuerst: eine Schule, in der man es wagte, nicht nach buchstabentoten Lehrbüchern, sondern durch das lebendige Wort des

Lehrers zu unterrichten. In der Wissen nicht als Massenware, sondern aufgrund der eigenen Erarbeitung des Stoffes durch den Lehrer vermittelt wurde. Kurz, ein Unterricht, in dem Begeisterung die Schulstunden belebte.

Wo kam er her, dieser kleingewachsene Mann mit dem geistesstarken Antlitz? – Wenn einer ein Sohn des Volks genannt werden kann, dann Kristen Kold. Geboren wurde er 1804 als ältester von sechs Geschwistern in Thisted am Limfjord, im Norden Jütlands, wo sein Vater Schuster war. Von früh bis spät, erzählt er, habe der Vater beim Leisten gesessen. Es gelang ihm, durch unermüdlichen Fleiß die Familie aus der Armut in einen schuldenfreien Wohlstand emporzubringen. Auch die Mutter war ein Arbeitsmensch. In andere Angelegenheiten mischte sie sich nur ein, wenn es zu helfen galt, sagte Kold. Dann war sie zur Stelle. Und Märchen konnte sie erzählen! Nicht sehr viele, aber so lebendig, daß sie den Zuhörern nicht mehr aus dem Sinn gingen.

Der Vater wollte aus seinem Ältesten einen Schuster machen, wie es auch die Vorfahren gewesen waren. Doch Kristen war so langsam mit dem Pfriem, daß der Vater bald die Geduld verlor. Kurz vor Vollendung seines vierzehnten Lebensjahres ging die Mutter mit dem Jungen zu einem freundlichen Propst und fragte, ob er nicht Lehrer werden könne. – Das war dazumal ein geringgeschätzter Beruf. Nur wer nicht zu einer ordentlichen Arbeit taugte, wurde Lehrer. – «Da müssen wir zuerst herausfinden, was er kann», antwortete der Propst. Kristen bekam einen Satz vorgelegt aus Balles Religionslehrbuch in Wahrem Christentum (das er später bis aufs letzte Komma bekämpfen sollte). Der Satz lautete: «Die Erfahrung zeigt, daß die Menschen nicht so gut sind, wie sie eigentlich sein sollten.» – Was konnte der knapp vierzehn Jahre alte Kristen dazu sagen? – «Wie es mir gelang, diese Erfahrung zu erhellen oder zu verdunkeln, erinnere ich mich nicht mehr», erzählt Kold. «Aber der freundliche Propst meinte, ich hätte es leidlich genug gemacht, um als ‹Lehrer› einiger Bauernkinder anzufangen.»

Der Vierzehnjährige wurde nun Hauslehrer auf einem größeren Hof. Als Lohn bekam er Kost und Logis und elf Reichstaler im Jahr. Die Lehrertätigkeit bestand hauptsächlich darin, dafür zu sorgen, daß die Schüler das Religionslehrbuch des besagten Balle auswendig paukten. Ein pädagogisches Problem entstand dadurch, daß er in den freien Minuten gerne mit den Schülern Schlagball gespielt hätte, was er jedoch nicht durfte. Sie hätten sonst den Respekt verloren.

Mit achtzehn Jahren erhielt Kristen Kold mit Mühe und Not einen Platz am Lehrerseminar. Er mußte sich in die hinterste Bank setzen, da er einer der schlechtesten Schüler der Klasse war. Und es dauerte lange, bis er überhaupt etwas vom Unterricht begriff. Zutiefst entmutigt, am Herrgott und an sich selbst zweifelnd, war er nahe daran aufzugeben. Da wurde er von einer volkstümlichreligiösen Erweckung ergriffen, die ihn von Grund auf verwandelte. Er sagt selbst: «Früher hielt ich Gott für eine Art Polizeidirektor oder strengen Schulmeister. Daß Gott die Menschen lieben könnte, war mir noch kaum je in den Sinn gekommen – mich und alle anderen trotz unserer Sünden und Schlechtigkeiten lieben! Als ich dies hören und erleben durfte, wurde ich von einer unglaublichen Freude ergriffen. Einer Freude, die mich nie mehr verlassen hat. Das ganze Leben hindurch ist sie Quelle meines Wirkens gewesen.»

Eine erste Frucht dieser Freude war, daß er das Lehrerseminar nach zwei Jahren als einer der besten Schüler verließ.

Das *frohe* Christentum, von dem Kristen Kold erfüllt wurde, hatte ja in Dänemark seinen gewaltigen Fürsprecher in Grundtvig. Von Dänemark aus ging es wie ein Frühlingsbrausen durch weite Teile des Nordens. In Norwegen trug es vor allem durch die Volkshochschulen zu einem Aufschwung des volkstümlich-nationalen kulturellen Lebens in den Landgemeinden bei. Und die Nachwirkungen reichen tief in unser Jahrhundert hinein.

Nun wußte Kristen Kold, wozu er berufen war. Er wollte die Herzen der Kinder derselben Lebensfreude aufschließen, die in ihm selbst wohnte. Er hatte erfahren, daß allein das *Wort* als geisttragende Botschaft dies vermochte. Die Aufgabe des Lehrers war es, zu begeistern! In der Grundbedeutung des Wortes: Wecken und Beleben! In den Schülern ein

Licht entzünden, ein Geistesfeuer! Der Unterricht in den Volks- und weiterführenden Schulen mußte daher im wesentlichen so gestaltet werden, daß er persönliche Mitteilung des Lehrers an die Schüler wurde.

Er freute sich, anfangen zu können. Aber er war jung, und seinem frohen Christentum zum Trotz blieb ihm Liebeskummer nicht erspart. Else hieß sie, war siebzehn Jahre alt und die Schönste in zwei Kirchspielen. Sie verlobten sich, Kristen war selig, und Else hoffte, mit der Zeit eine vornehme Gattin zu werden. Aber dann mußte sie feststellen, daß ihr Liebster so ganz andere Ansichten hatte als die meisten Leute. Warum konnte er nicht sein wie alle anderen und sich eine ordentliche Stelle verschaffen? Sie flehte und bat, er möge doch gewöhnlich werden. Das aber brachte Kristen Kold nicht fertig. «Ich kann niemals so werden wie du», seufzte sie. «Auch ich kann nicht so werden, wie du mich gerne haben möchtest», antwortete er. Sie weinten beide. Aber es half nichts, Else verließ ihn. Erst gegen Ende seines Lebens heiratete Kold. Doch selbst noch in alten Tagen wurde er erschüttert, wenn die Rede gelegentlich wieder auf seine große Jugendliebe kam.

Wie überall in der Welt standen damals auch in Dänemark die Volksschulen unter Aufsicht der Kirche. Das hieß in der Praxis, unter Aufsicht einer Geistlichkeit, die höchst selten einen Begriff von Pädagogik hatte. Die Pädagogik ist, wie wir wissen, keine eigentliche Wissenschaft. Sie ist vielmehr eine Kunst und eine höchst persönliche dazu. Sie läßt sich nicht aus einem Bücherregal herausklauben. Sie muß ausgeübt werden. Nur dann wird sie mehr sein als bloße Theorie, nämlich eine Tat.

Einen Anfang zu dieser seiner Tat sollte Kristen Kold in Nordschleswig machen, das damals noch zu Dänemark gehörte. Und das dänische Vaterland bedeutete Kristen Kold fast ebensoviel wie sein frohes Christentum. Als Unterrichtsinhalt nahmen die Liebe zum Vaterland, Geschichte, Land und Volk Dänemarks mehr Raum ein als irgend sonst ein Stoff. Kold erzählte und las aus Ingemanns historischen Romanen vor. Die Kinder lauschten, und ihre Augen leuchteten.

Eines Tages kam der Pfarrer und Propst, um die Kinder abzufragen, was sie gelernt hatten. Es ging alles gut, bis sich herausstellte, daß die Schüler keinen einzigen Satz aus Balles verordnetem Religionslehrbuch auswendig konnten. «Wie?» fragte der Pfarrer, «lernen die Kinder Balle nicht auswendig?» – «Nein», antwortete Kristen Kold, «auswendig nicht. Balles Sprachgebrauch ist für die Kinder zu schwer und unverständlich.» – «Ich habe Sie nicht nach Ihrer Meinung gefragt, sondern ob die Schüler dasjenige lernen, was vorgeschrieben ist», sagte der Pfarrer.

Die Sache wurde dem Bischof hinterbracht, und Kold mußte Rede und Antwort stehen. Der Bischof war freundlich. – «Ihr seid ein begabter Mann, und ich glaube gerne, daß Ihr die Schüler zufriedenstellend unterrichtet», sagte er. «In den Schulen muß jedoch Gleichheit herrschen. Daher müßt Ihr Euch an das Lehrbuch halten.» – Kold antwortete: «Wenn in einer Stadt hundert Schuster sind, neunundneunzig schlechte und ein guter, so muß der gute also schlechte Schuhe herstellen, damit Gleichheit herrscht?» – Der Bischof seufzte: «Herrgott, das Gesetz steht über uns allen!» Er wollte indessen versuchen, einen Ausweg zu finden, daß daraus keine «Sache» entstehe.

Von einer festen Anstellung konnte gleichwohl nicht die Rede sein. Da hatte Kold die Eingebung, einen Pfarrer zu begleiten, der nach Kleinasien fahren wollte, um unter den Mohammedanern zu missionieren. Der Pfarrer benötigte ein Jahr, um sich vorzubereiten, und Kold benutzte dieses Jahr, um ein Handwerk zu erlernen. Er hatte auf eigene Faust ein bißchen Buchbinderei betrieben. Während des Wartejahres brachte er es darin nun zu großem Können.

Die Missionsarbeit sollte in Smyrna, dem heutigen Izmir, beginnen, fiel jedoch nach kurzer Zeit vollständig ins Wasser. Kristen Kold wußte schließlich keinen anderen Ausweg, als sich in der Stadt als Buchbinder niederzulassen. Aber auch das ging schlecht. Er konnte sich nicht den Lebensunterhalt verdienen, von der Heimreise ganz zu schweigen. Ausgehungert begab er sich eines Tages zum Meeresufer. Da wollte er sich hinsetzen und sterben. Er schlief ein.

Plötzlich wurde er von einer schwedischen Stimme geweckt. Es war ein Kapitän, der ihn fragte, ob er ihm in Smyrna einen Buchbinder zu nennen wisse. Er wollte sein Logbuch gebunden haben.

Ja, einen solchen kannte Kold. Und nun ging es rasch aufwärts mit der Buchbinderei. Ganze fünf Jahre blieb er in Smyrna. Dann hatte er sich das Reisegeld und noch etwas darüber hinaus zusammengespart, so daß er nicht gänzlich mittellos dastehen würde, wenn er wieder auf dänischem Boden war. Er fand ein Schiff, das ihn bis Triest mitnahm. Von dort ging er zu Fuß, denn er wollte sich unterwegs umsehen. Seine wenigen Habseligkeiten zog er in einem kleinen Karren mit sich. Die Reise dauerte rund zwei Monate.

Im Rückblick auf sein Leben sagte er: «Ich habe in Smyrna drei Dinge gelernt. Zunächst, mit wenig auszukommen.» (Man möchte meinen, daß er das schon vorher konnte!) «Weiter habe ich gelernt, die ganze Menschheit als eine Geschwisterschar mit einer gemeinsamen Aufgabe zu sehen. Hier zu Hause wird der Blick oftmals zu sehr eingeengt. Und schließlich lernte ich schweigen. Wenn ich mich anfangs noch ganz meinem Plaudern hingab, so bin ich nun wohl ein leeres Faß geworden. Die fünf Jahre in Smyrna haben mir geistig das Leben gerettet.»

Kold kehrte in ein Dänemark zurück, in dem sich scheinbar wenig verändert hatte. In Wirklichkeit jedoch war Grundtvigs Einfluß in gewaltigem

Wachstum begriffen. Noch aber war er nicht bis ins Volk hinabgedrungen. Gerade dies war ja die Aufgabe, die auf Kristen Kold wartete: das Alltagsleben mit einem neuen und freieren Geist zu durchdringen. Da war nun vor allen Dingen eine pädagogische Arbeit gefordert. Doch wie beginnen? Wie darangehen?

Selten hat eine große Tat unbeachteter begonnen.

Vorderhand befand sich Kristen Kold unterwegs ins nördliche Jütland, um nach seinen Eltern zu sehen. Wie gewöhnlich ritt er auf Schusters Rappen. In Jütland wirkte damals ein Grundtvig-begeisterter Pfarrer und Schriftsteller, von dem viel die Rede war. Vilhelm Birkedal hieß er. Eines Tages stand Birkedal draußen auf seinem Hofplatz und rauchte eine Pfeife. Da trat ein kleinwüchsiger Mann durch die Pforte. Er grüßte, wie es Sitte und Brauch war. Nach einer Weile fragte der Pfarrer ihn nach dem Namen.

Kristen Kold, bekam er zur Antwort.

So? Und wer das denn sei?

Kristen Kold! Die Antwort kam mit großer Bestimmtheit.

Aha. Und woher er komme?

Aus Smyrna, antwortete der Mann.

Aus Smyrna bekam Birkedal nicht gerade jeden Tag Besuch, und so nahm eine Freundschaft und Zusammenarbeit ihren Anfang, die weit über die Grenzen Dänemarks hinaus Bedeutung erlangen sollte. Noch lag dies in der Zukunft. Vorläufig war sich der

Mann aus Smyrna im unklaren, was in Dänemark werden sollte. Er fühlte sich in der Heimat nahezu als Fremder. Sollte er nach Amerika auswandern wie so viele andere? Auch dazu konnte er sich nicht recht entschließen. War da nicht etwas, was er gerade zu Hause in Dänemark zu tun hatte? Aber was und wo?

Der Herbst kam, er war einunddreißig und mußte sich mit einer Hauslehrerstelle bei einer grundtvigianisch gesinnten Pfarrfamilie begnügen. Dort bekam er Grundtvigs Weltgeschichte in die Hände, und sie weckte in ihm erneut eine mächtige Begeisterung für den Lehrerberuf. Er sagt selbst: «Es war für mich wie eine Offenbarung ... Die Geschichte der Menschheit als sinnvolle Entwicklung begriffen! Und erfüllt von zuversichtlicher Erwartung, daß die Menschen schließlich alles Dumpfe und Schwere überwinden werden.»

Doch, er war bereit anzufangen.

Da erfolgte Preußens Angriff auf Dänemark. Man schrieb das Jahr 1848. Kold meldete sich als Freiwilliger zur Verteidigung des Vaterlandes. Seinem Mut zum Trotz fiel es dem kurzbeinigen Mann nicht so leicht, im Takt zu marschieren. Er wurde als Koch eingesetzt. Der Feind wurde fürs erste zurückgeschlagen, und Dänemark wurden noch einmal Gebietsabtretungen erspart. Im dänischen Volk aber bewirkte der Krieg eine Erweckung des *Volksgeistes* – desjenigen Volksgeistes, von dem die Grundtvigianer sprachen. König Fredrik VII. belohnte sein Volk mit einem Grundgesetz, das Freiheit und Volksherrschaft umfaßte. Reden wurden gehalten, vaterländische Gesänge erschallten, und Kristen Kold stimmte in den Chor ein. Auf die Dauer aber brauchte es mehr, und das war Kold klar – es brauchte eine Schule, die sich des Geistes annahm und die Glut bewahrte.

Vilhelm Birkedal hatte inzwischen eine Pfarrei auf Fünen bekommen. Kristen Kold fragte ihn, ob er für den Anfang als Hauslehrer nach Fünen kommen könne. Dann mußte sich zeigen, was weiter werden sollte. Es war nämlich bekannt, daß Grundtvigs Lebensanschauung auf Fünen tiefer Wurzeln geschlagen hatte als irgendwo sonst in Dänemark. Birkedals Antwort war ein begeistertes Ja. Zusätzlich zu den eigenen Kindern hatte er noch Platz für drei, vier Bauernjungen. Mädchen kamen selbstverständlich nicht in Frage.

So nahm die erste ausdrückliche Freischule im Norden ihren Anfang. Lehrbücher mit normiertem Wissen rückten in den Hintergrund. Der Lehrer sollte selbst vermitteln, sollte in den wichtigsten Fächern dem Stoff selbst Wort und Leben verleihen. Kolds Grundgedanke bestand darin, daß die Schüler mit Freude dasjenige lernen sollten, was sie sonst in den Schulen allzuoft widerwillig als totes, abstraktes Wissen pauken mußten. Das Wissen sollte durch persönliches Bemühen des Lehrers lebendig werden, nur so würde es für die Schüler zu einem bleibenden Wert werden. Zudem prägte es sich so dem Gedächtnis auch viel besser ein.

Vor allem sollte die Liebe zu Gott und dem Vaterland in den jungen Seelen geweckt werden. Die tragende Kraft in Kolds Unterricht war seine Freude am Erzählen. Seine Pädagogik hatte keine theoretisch ausgedachte Grundlage. So einfach und selbstverständlich, wie das Kind aufrecht gehen und sprechen lernt, indem es nämlich mit Erwachsenen zusammen ist – so einfach und selbstverständlich war Kristen Kolds pädagogischer Grundgedanke. So einfach, daß er sich fast nicht ausdrücken ließ. – Daß die Schüler viel zu erzählen hatten, wenn sie nach Hause kamen, ist verständlich. Daß darin jedoch der Ansatz zu einer völlig neuen Art von Schule lag, das kam sicher kaum jemandem in den Sinn.

Das war auf Fünen. In Kopenhagen hatte sich derweil ein kleiner Kreis liberal gesinnter Männer versammelt und beriet über die Zukunft des Vaterlandes. Zuoberst an der Tafel saß kein Geringerer als Grundtvig. Die große Frage war, wie sich eine geistige Hebung der dänischen Landbevölkerung erreichen ließ, so daß sie dazu fähig würde, die Freiheit, die Fredrik VII. seinem Volk geschenkt hatte, aufzunehmen. Aufklärung tat not, darüber waren sich alle einig. Aber in welcher Art? Und wer konnte sie bewirken? Einer aus dem Kreis sagte: «Es gibt in Dänemark nur einen Mann, der uns helfen kann.» – «Wer ist das?» wurde gefragt. – «Ein Hauslehrer auf Fünen, Kristen Kold heißt er.» – «So laßt ihn hierherkommen», antwortete Grundtvig.

Darauf bekam der Hauslehrer einen Brief, er

möge sich zu Besprechungen in der Hauptstadt einfinden. – Ja, er werde im Frühling kommen, wenn die Schularbeit beendet war. – Es wurde eine stürmische Sitzung. Die Herren schlugen vor, daß Kold sich auf eine nationale Missionsreise zu den Lehrern auf Jütland begebe. – «Nein», sagte Kold, «die Kinderquäler sind die letzten, die verstehen, was nötig ist. Ich glaube an etwas ganz anderes, sofern ich Hilfe bekomme, nämlich an eine *Volkshochschule!*» Soviel wir wissen, wurde das Wort damit zum ersten Mal ausgesprochen.

Der Gedanke gewann begeisterte Zustimmung. Aber Grundtvig und Kold waren sich uneinig über die Altersgrenze der Schüler. «Nicht unter achtzehn Jahren», sagte Grundtvig. «Im Konfirmationsalter», meinte Kold. Doch in dieser Frage sollte er Grundtvig später völlig recht geben.

Mit der Zusicherung der Unterstützung fuhr er nach Fünen zurück. Selber hatte er sechshundert Reichstaler zusammengespart, fünfhundert bekam er von den Grundtvigianern in der Hauptstadt. Für wenig Geld konnte er sich ein kleines Stück Land mit einem baufälligen Haus erwerben. Das Haus mußte abgerissen werden, denn Kold wollte größer bauen, da das Gebäude auch zwanzig Schülern als Internat dienen sollte. Kold ging selbst bei der Arbeit zur Hand, zog alte Nägel heraus und hämmerte sie gerade, damit sie im Neubau wieder verwendet werden konnten, kratzte von alten Ziegelsteinen den Kalk ab und stapelte sie.

Im Jahr darauf, 1851, war das Schulgebäude fertig. Aber würde er Schüler bekommen? Von Mädchen war noch immer keine Rede. Vorläufig hatte er erst einen Jungen sicher, dazu Hoffnung auf zwei weitere. Bis hin zum Eröffnungstag war es ungewiß, ob genug Schüler in die erste Volkshochschule des Nordens kommen würden, so daß sie anfangen konnte. Kristen Kold verging beinahe vor Spannung. Er erzählt: «Ich betete zu Gott und ging hinaus wie ein Davongejagter. Auf einem Feld sah ich zwei junge Burschen bei der Arbeit. Sie wollten wissen, wer ich sei. Derjenige, der die neue Schule anfangen wird, antwortete ich. Ja, davon hatten sie gehört. Aber was sie denn dort lernen könnten, wollten sie wissen. – Ihr habt eine Uhr, antwortete ich, doch damit die Uhr geht, muß sie immer wieder aufgezogen werden. Wenn ihr in meine Schule kommt, werde ich euch so aufziehen, daß ihr das ganze Leben von selbst geht. Lebt wohl, sagte ich und ging meines Wegs. Sie kamen alle beide und wurden sehr gute Schüler … Erst an dem Tag, an dem die Schule beginnen sollte, kamen die Schüler herbeigeströmt, so daß wir mit einer vollzähligen Klasse anfangen konnten. Das Ganze war wie ein Wunder.»

Immer wieder erlebte Kristen Kold, daß die Hilfe erst im allerletzten Augenblick wie ein Wunder kam – ob es sich nun um die Lösung wirtschaftlicher oder anderer Schwierigkeiten handelte. Ja, im Grunde war sein ganzer Lebensweg mit ähnlichen

«Zufällen» gepflastert wie demjenigen, als er an der Küste von Kleinasien durch eine Stimme geweckt wurde, die nach einem Buchbinder fragte. So fand er seinen unerschütterlichen Gottesglauben und sein schicksalbestimmtes Tun wieder und wieder bestätigt. Gleich nach dem Herrgott – ihm dicht auf den Fersen – kamen das Vaterland und das, was ihm der dänische Volksgeist auferlegte. Kristen Kold zufolge hatte das dänische Bauernvolk eine besondere Veranlagung und eine große Aufgabe: christliche Liebe zu verwirklichen. Und für dieses Bauernvolk wollte er eine Schule, die sich der Liebe annahm und ihr ein höheres Ziel gab. Eine Schule auf volkstümlicher Basis, getreu den echt dänischen Idealen der Genügsamkeit und der Heimatkultur.

Es versteht sich von selbst, daß Kristen Kold die Last des Unterrichts nicht mehr allein zu bewältigen vermochte. Denn zugleich mit diesem neuen und unerprobten Wagnis, der *Volkshochschule*, mußte ja auch die kleine Kinderschule weitergeführt werden, die im Pfarrhof heranwuchs. Sie konnte nicht während der ganzen vier Monate, so lange wie die Volkshochschule dauerte, Ferien haben. Glücklicherweise hatte sich Kold ein äußerst tüchtiger Helfer zugesellt. Er war ein «Kriegskamerad» aus dem Feldzug von 1848, hieß Poulsen-Dal und war ein außergewöhnlich edler, selbstloser Mensch. Er übernahm den Unterricht in Naturkunde und in einigen praktischen Fächern. Zusammen mit dem vor Begeisterung glühenden, sprachgewaltigen

Kristen Kold erscheint der ruhige, arbeitsstarke Poulsen-Dal als Gründer der nordischen Volkshochschulen. Von der Freundschaft zwischen diesen beiden höchst ungleichen Männern ist auffallend wenig bekannt. Zweifellos besteht hier ein Schicksalszusammenhang, von dem nur behutsam gesprochen werden darf.

Der Volkshochschulgedanke zündete. Bald gab es mehr und größere Schulen. Aber auch Widerstand regte sich. Einerseits von den Pietisten, die das «frohe Christentum» der Grundtvigianer mit tiefem Mißtrauen betrachteten. Andererseits von den Nützlichkeitsaposteln, die mit Verdruß und Skepsis auf die «Schwärmer» blickten.

Daß die Volkshochschule auch jungen Mädchen offenstehen mußte, war damals ein völlig neuer Gedanke. Auch darin tat Kold den ersten Schritt. Vorerst aber kam noch nicht in Frage, daß sie mit den Jungen in dieselbe Klasse gingen. Anfänglich mußten sich daher die viermonatigen Kurse für die Mädchen und für die Burschen abwechseln. Zu tun blieb wahrlich genug, denn auch die Freischulen, die sich weiter entwickelten, durften nicht vernachlässigt werden. Es sollte endlich Schluß sein mit dem Quälen der Kinder, dem Einpauken fertig fabrizierter Unverständlichkeiten, was die Menschen zu glauben und nicht zu glauben hatten, um selig zu werden. Kein Lehrbuch, fand Kold, mag es noch so korrekt und richtig sein, kann den Lehrer ersetzen – den lebendigen, fühlenden und staunenden Menschen.

Kristen Kolds Lebensanschauung mag einfach erscheinen. Aber sie war unglaublich stark. Im Lehrerberuf glaubte er mehr an einen unvollkommenen Lehrer als an das vollkommenste Lehrbuch. Sowohl in religiöser als auch in sozialer Hinsicht war der Glaube die Gnadengabe, deren sich Kristen Kold annehmen wollte. Der Glaube mußte in der Kindheit angelegt werden und in der Jugend Nahrung finden. Nicht bloß als Vorstellungsinhalt, sondern vor allem als Kraft.

Kristen Kold wurde nicht alt. Mit fünfzig Jahren heiratete er und durfte noch vier glückliche Jahre als Ehemann und Vater von zwei kleinen Mädchen erleben.

Woher kam er? – Genügt es zu sagen, aus einem kleinen Städtchen am Limfjord? Ein Sohn des Volkes wurde er genannt. Das läßt sich von manch einem sagen. Wahrer wäre: ein Sendbote des Geistes zum dänischen Volk. Ja, zu allen nordischen Völkern.

Der Einbrecher, der ein Volk wiederaufrichtete

An einer etwas abgelegenen Stelle in Lillehammer steht ein Denkmal. Es stellt einen Mann dar mit leicht gehobenem Kopf und offenen Armen. Auf dem Sockel steht: *Ich schäme mich des Evangeliums nicht* und der Name Lars Skrefsrud – seinerzeit weit über die Grenzen seiner Heimat hinaus bekannt und hoch geachtet. Heute dagegen fast vollständig vergessen.

Wir müssen zurückgehen ins Jahr 1840, in eine Häuslerkate am Berghang etwas nördlich der Stadt. Dort kam er zur Welt. Doch da waren bereits vier Kleine vor ihm in der armseligen Hütte, und vier weitere sollten nach ihm noch folgen, dann starb die Mutter. Lars war im Konfirmationsalter. Von den vier älteren und den vier jüngeren Geschwistern weiß man so gut wie nichts, weder wo sie im Norwegen der Armut geblieben sind, noch was aus ihnen geworden ist.

Die Mutter, Eli, stammte von einem größeren Hof und hatte wohl so ziemlich gegen den Wunsch ihrer Eltern Ole geheiratet, einen flinken, aber äußerst flatterhaften und dem Trunk ergebenen

Burschen, dem dazu noch nachgesagt wurde, er mache lange Finger. Eli war tief religiös. Sie plagte sich von früh bis spät ab. Dennoch gelang es ihnen oftmals nur mit knapper Not, sich den Hunger vom Leib zu halten. Dann hieß der Vater die Kinder mit dem Bettelsack hinausgehen. Eine fürchterliche Schande. Was Eli Lars und seinen Geschwistern einprägte, war vor allem der Glaube an einen guten und gerechten Gott. «Du wirst sehen, es wird gewiß auch für uns einmal besser werden!»

In der Wanderschule, die nicht lange dauerte, bemerkte niemand, daß Lars über ein ungewöhnliches Gedächtnis verfügte. Seit dem Tage, da er die Konfirmandenprüfung bestanden hatte, mußte er allein durchkommen. Er ging bei einem Schmied in die Lehre, der in Lillehammer eine kleine mechanische Werkstatt eröffnet hatte.

Der frisch konfirmierte Junge, der kaum an einem Korken zu riechen wagte, diente den derben Gesellen rasch zur Belustigung. Aber Lars lernte bald, sich nach den neuen Sitten zu richten. Es kam so schief heraus, wie es nur konnte. Nach einigen Jahren des Hin- und Herpendelns zwischen Zecherei und Reue war der junge Bursche der gerissenste Einbrecher in Lillehammer. Im Rückblick sagte er: «Es gab in der Stadt kaum mehr als zwei, drei Schlösser, die ich nicht mit dem Dietrich aufbrachte.»

Lars war achtzehn, als ihn die Polizei erwischte. Das Sündenregister war lang, das Urteil streng. Sie meinten, der Vater sei Spießgeselle gewesen, und wenn er dies gestände, würde die Strafe milder ausfallen. Doch das wollte Lars nicht. «Ich weiß wohl, was mich in den Sumpf hineingezogen hat», sagte er später, «es war der Branntwein.» Ein wenig wurde ihm dennoch von der Strafe erlassen. Er saß zwei Jahre und acht Monate im Zuchthaus von Kristiania.

«Nutze die Zeit», sagte der Gefängnispfarrer und gab ihm einige Lehrbücher, unter anderem der deutschen und der englischen Sprache. Damit wurde die enorme Sprachbegabung des jungen Strafgefangenen geweckt. Es war wie in einem Märchen: als ob seine Fähigkeit, mit dem Dietrich Türschlösser zu öffnen, sich verwandelt hätte in die Fähigkeit, grammatikalische Besonderheiten fremder Sprachen zu erschließen. So ist Skrefsrud vermutlich das größte Sprachwunder, das Norwegen hervorgebracht hat. Als er später, als weltberühmter Mann, zur Audienz beim dänischen König war, fragte ihn dieser: «Ist es wahr, Herr Skrefsrud, daß Ihr vierzig Sprachen sprecht?» Skrefsruds Antwort ist bezeichnend: «Eure Majestät, es kommt nicht darauf an, wie viele Sprachen man spricht, sondern ob man in der Sprache, die einem zu Gebote steht, etwas zu sagen hat.»

Vorläufig aber saß er im Gefängnis, den Saufbrüdern und der Bewunderung schlechter Kameraden entzogen. Da war es dann *ein* Mensch, der sich ihm in der Seele vergegenwärtigte – seine warmherzige Mutter. All das Gute und besonders der Gottesglaube und das Vertrauen in die Kraft des Gebets, die sie ihm in der Kindheit eingeprägt hatte, wurden ihm in Gedanken wieder lebendig.

Von den Büchern, die er zu lesen bekam, machte vor allem eines einen starken Eindruck auf ihn: der Bericht über Per Fjeldstedt, einen armen Jungen aus Schweden, der sich mühsam emporarbeitete, großen Widerstand überwand und ein hochgeachteter Missionar wurde. Wäre so etwas für ihn selbst, Lars Olsen aus der Häuslerkate Skrefsrud, möglich?

Eines Tages geschah etwas Unglaubliches: Es kam ein Brief für ihn! Von Anne Onsum, Tochter auf einem großen Hof zu Hause in Fåberg. Ihre Eltern waren Haugianer, und wahrscheinlich hatten sich Annes und seine eigene Mutter in der Jugend gekannt. Schon als er in Lillehammer in Haft saß, hatte Anne von dem jungen Kirchspielgenossen gehört, der derart ins Unglück geraten war, und ihm geschrieben. Und nun wieder! Sie schrieb nicht bloß, sie kam ihn besuchen! Sie weckte in ihm einen Traum, der vollkommen aussichtslos erscheinen mußte … Daß er in ihr einen entsprechenden Traum weckte, konnte er sich unmöglich vorstellen … Er las und lernte eine Menge, auch rein Praktisches. Unter anderem, große ineinander verschlungene Initialen in Petschafte zu gravieren. Damit würde er sich einigermaßen den Lebensunterhalt verdienen können, wenn er freikam.

Und frei kam er im Herbst 1861. Mit dem besten Zeugnis in der Tasche stand er auf der Straße:

«Perfekt in Deutsch und Englisch und ansonsten im Besitze vieler guter Kenntnisse.»

Was sollte er beginnen? Zunächst fand er Arbeit in einer mechanischen Werkstatt, sah aber bald ein, daß dies nicht der Weg war. So zog er heim nach Lillehammer, aber nicht zurück zu seinen alten Zechbrüdern. Ihnen hatte er sich vollständig entfremdet.

Mit Anne traf er sich, so oft es sich einrichten ließ, ohne Aufsehen zu erregen. Aber was hatte er, ein Häuslerjunge mit dem Zuchthausstempel, ihr, der Tochter eines begüterten Großbauern, zu bieten? Anne war mit seinem Traum, Missionar zu werden, aber auch mit seiner Unsicherheit und seinen Selbstzweifeln vertraut geworden. «Hätte ich wenigstens einen Menschen, der an mich glaubt», brach es aus ihm hervor. – «Aber hast du das denn nicht?» – «Wen denn?» – Anne sah ihn bloß an. «Du, Anne, du meinst …?»

Das eben meinte sie. Die Eltern sagten zuerst nein. Aber Anne war nicht umzustimmen. Er oder keiner. Und bald gewann Lars auch ihr Vertrauen. Als er im Sommer 1862 nach Stavanger reiste, in der Hoffnung, dort in die Missionsschule aufgenommen zu werden, haben wahrscheinlich Anne oder ihre Eltern ihn finanziell unterstützt.

Doch die Schulleitung konnte es sich nicht ohne weiteres leisten, einem Schüler einen Platz zu geben, der im Gefängnis gesessen hatte. Die Antwort ließ lange auf sich warten, schließlich aber kam eine Absage. Rückblickend erzählt Skrefsrud: «In der

Nähe der Kirche von Hetland hatte ich mir einen Altar errichtet. Da saß ich dann oft und starrte auf das Meer hinaus. Ich betete inbrünstig zu Gott, er möge mich nicht verwerfen, sondern mich trotzdem dazu verwenden, seinen Namen zu verkünden. Was ich in jener Zeit durchmachte, das weiß niemand und braucht auch niemand zu wissen.»

Und er wurde erhört. – «Fahr nach Deutschland», sagte ein Freund, den er gefunden hatte, «dort ist man großzügiger in solchen Dingen. Ein guter Bekannter von mir lebt in Berlin, Hans Peter Børresen, ein Däne. Er ist ein guter und hilfsbereiter Mensch. Ich werde dir einen Brief an ihn mitgeben.» So wurde ein entscheidendes Schicksalsband geknüpft. Børresen, zwölf Jahre älter als Skrefsrud, autodidaktischer «Ingenieur», hatte sich durch Tüchtigkeit in einer Lokomotivenfabrik emporgearbeitet – das Eisenbahnwesen steckte ja noch in den Kinderschuhen – und war Schwiegersohn des Fabrikanten Hempel geworden. Er und seine Frau Karoline interessierten sich brennend für die Missionsarbeit und hatten gute Beziehungen zur Ausbildungsschule für Missionare. Skrefsrud bekam einen Platz und wurde durch seine große Begabung zu einer Sensation. Im Selbststudium hatte er es in Latein, Griechisch und Hebräisch und anderen wichtigen Fächern weit gebracht. In der Absicht, nach Indien zu gehen, lernte er Hindi. Nach einem Jahr bereits bestand er das Examen als bester Schüler der Schule – wo andere drei, vier Jahre brauchten, um abzuschließen. Gleichzeitig war eine tiefe, gewissermaßen «wiedererkennende» Freundschaft zwischen ihm und Børresen entstanden.

Nun sollte Skrefsrud ins Missionsgebiet hinaus. Zuerst aber mußte er kurz nach Norwegen zurück. Die Nachricht von seinem glänzenden Examen und seinen Sprachkenntnissen war ihm vorausgeeilt. In den Zeitungen der Hauptstadt wurde über ihn berichtet. Nun hatte er seinem Land Ehre gemacht! Stolz empfingen ihn Annes Eltern. Anne selbst wäre ihm wohl am liebsten sogleich nach Indien gefolgt, doch davon wurde ihr dringend abgeraten. Fürs erste sollte sie mit ihm zu Børresens nach Berlin reisen. Dann konnten sie später zusammen nachkommen. Denn auch Hans Peter und Karoline Børresen, die ihre drei Kinder verloren hatten, waren nun fest entschlossen hinauszuziehen.

An Reisegeld erhielt Skrefsrud 300 Kronen, was bei weitem nicht ausreichte. Doch er hatte das Glück, von Aden nach Kalkutta als «blinder Passagier» reisen zu können. «Sie sind wohl ein bißchen zu früh aus dem Nest ausgeflogen, junger Mann», sagte der Kapitän wohlwollend. «Aber wenn Sie an Deck schlafen wollen, nachdem alle sich gelegt haben, und aufstehen, bevor um vier Uhr früh das Deck abgespritzt wird, dann bitte sehr!»

Skrefsrud dankte, strahlend vor Freude. Ob er klare Vorstellungen von der Größe Indiens besaß, mag etwas bezweifelt werden – eines Landes, größer als ganz Westeuropa, mit etlichen Völkerschaften und verschiedenen Sprachen. Es war verabredet, daß er für eine deutsche Missionsgesellschaft arbeiten sollte. Doch die Verhältnisse erwiesen sich rasch als völlig chaotisch; man hatte weder Vorbereitungen getroffen noch überhaupt daran gedacht, neue Missionare aufzunehmen. Zusammen mit einem deutschen Neuankömmling wurde er dazu eingesetzt, ein eben angefangenes Haus fertigzubauen. Der Deutsche wollte sogleich wieder zurück nach Europa. «Dazu habe ich das Geld nicht», sagte Skrefsrud, «und wir sind doch hierhergekommen, um zu arbeiten?!» – «Aber nicht als Schreiner, würde ich meinen.» – «Mein Vater war Schreiner und sonst noch allerlei. Einiges also kann ich, es wird wohl gehen», sagte Skrefsrud. Die größten Schwierigkeiten bereiteten die Türen und Fenster. Sie mußten unter fürchterlichen Strapazen von weither geholt werden. Skrefsrud erkrankte an Tropenfieber. Er erholte sich langsam, aber die Schwierigkeiten wurden nicht geringer. Die Zeit verging, und noch hatte er keinen einzigen «Heiden» bekehrt. Sprachen jedoch eignete er sich weiterhin an: Sanskrit, Bengalisch, Persisch, Arabisch und viele andere mehr.

Die Verhältnisse auf der deutsch geführten Mission wurden immer schlechter, nicht zuletzt auch wegen des Deutsch-Dänischen Kriegs von 1864. Und als Børresens und seine Anne nach mehrmonatiger Reise endlich angelangt waren, kam es zum endgültigen Bruch. Nun hatten sie nichts mehr im

Rücken, denn auch die dänische Gesellschaft konnte sie nicht unterstützen, und eine norwegische kam nicht in Frage. Aber Lars Skrefsrud und Anne Onsum heirateten. «Ich brenne darauf, endlich mit der eigentlichen Missionsarbeit in Gang zu kommen», schrieb er. Das Jahr war um, und noch immer bestand kaum Aussicht anzufangen.

Indien war bekanntlich zu jener Zeit englische Kronkolonie und wurde in höchster Instanz durch einen englischen Vizekönig regiert. Die alltäglichen Regierungsgeschäfte dagegen lagen in den Händen der Inder selbst. Nun hatten sie Freundschaft geschlossen mit einem Engländer, Mr. Johnson, einem ehemaligen Offizier. Er war Baptist und hatte gute Beziehungen zu wohlhabenden bengalischen Christen. Und diese boten finanzielle Hilfe an. Wo sie denn beginnen möchten? Zufällig war Skrefsrud auf einen Jungen aufmerksam geworden, der offensichtlich einer anderen, dunkleren Rasse als die hochentwickelten Bengalen angehörte. Er hatte versucht, mit ihm ins Gespräch zu kommen, aber nicht viel mehr als ein Lächeln und gurgelnde Laute zur Antwort erhalten. «Das muß ein Santal gewesen sein», sagte Mr. Johnson. «Die Bengalen nennen sie nur die Waldaffen. Sie leben in einem wilden und unwegsamen Land südlich vom Unterlauf des Ganges.» Er brauchte nicht viel mehr zu sagen, bevor Skrefsrud ein Geistesblitz durchzuckte! Die Santal waren das Volk, dem er sein Leben widmen wollte.

Die christlichen Inder in Kalkutta schüttelten den Kopf. – «Dort oben in den Wäldern gibt es Tiger und wilde Elefanten», sagten sie. – «Da braucht es Missionare, die nicht ängstlich sind», entgegnete Skrefsrud. – «Die Santal sind roh und tierisch.» – «Ein Grund mehr, ihnen das Licht zu bringen», meinte Skrefsrud. – «Nun, dann geht in Gottes Namen», sagten die Freunde. «Wir werden euch so weit wie möglich unterstützen.»

Viele Jahre später schrieb Skrefsrud: «Die Santal waren tief gesunken, das ist wahr. Und als wir ins Land kamen, waren sie ein völlig rechtloses Volk geworden. Sie gehören zu den Ureinwohnern Indiens, aber die Hindu hatten sie in diese entlegenen Berg- und Waldgegenden vertrieben. Sie hatten gelernt, aus Reis, den sie anbauten, eine Art stark alkoholhaltiges Bier zu brauen, und das hatte zu einer weitverbreiteten Trunksucht geführt. Zudem waren sie Pächter auf ihrem eigenen Boden geworden. Reiche Hindu hatten sie um ihr Besitzrecht geprellt und beuteten sie durch enorme Abgaben aus. Und auf Grund ihrer eigentümlichen Sprache waren sie ohne sozialen oder kulturellen Zusammenhang mit der übrigen indischen Gesellschaft.»

Zuerst mußten Børresen und Skrefsrud einen geeigneten Ort finden, wo sie – mehr oder weniger mit eigenen Händen – bauen und beginnen konnten. Gleichzeitig machte sich Skrefsrud daran, die phonetisch wie grammatikalisch ungeheuer komplizierte Sprache der Santal zu erlernen. Es gab keinen einzigen geschriebenen Buchstaben, kein Lautzeichen, geschweige denn ein aufgezeichnetes Wort! Skrefsrud fand nahezu fünfzig verschiedene Laute, einige davon derart schwierig, daß er sich von einem Arzt in Kalkutta einen Kehlkopfspiegel borgte, um die Zungenstellungen zu studieren. Die Eingeborenen hatten offensichtlich großen Spaß daran, und so entstand ein herzliches Vertrauensverhältnis.

Es dauerte lange, bis die Santal verstanden, was die Missionare eigentlich wollten. Daß sie bei ihnen jedoch für dies und jenes Hilfe bekommen konnten, begriffen sie. Es konnte ein Schlangenbiß sein, es konnte auch eine Krankheit sein. Ihrerseits begriffen Børresen und Skrefsrud, daß ein aufdringliches Missionieren zu nichts führte. Daher begann Skrefsrud, als er sich in der Sprache der Eingeborenen verständlich machen konnte, sich zunächst nach ihrem eigenen Glauben zu erkundigen. Er erfuhr, daß sie den guten Gott, der die Menschen erschaffen hatte, Thakur nannten. So fand er einen Anknüpfungspunkt in den religiösen Vorstellungen der Santal selbst und konnte sie fragen, ob sie mehr und neues von Thakur hören möchten.

Wenn später hin und wieder gesagt wurde, Børresen und Skrefsrud seien «Pietisten» gewesen – worunter man religiöse Engstirnigkeit verstand –, so wird dies widerlegt durch ihre tiefe Toleranz und, was Skrefsrud betrifft, ein lebendiges Interesse an den alten Mythen der Santal, die er sammelte und in ihrer eigenen Sprache – der «Sprache des Menschen» – aufzeichnete. Einer von Skrefsrud Biographen, Ivar Sæter, schreibt: «Es wurde ihm immer deutlicher, daß der alte Glaube der Santal nicht untergraben werden durfte, sondern zur Klarheit gebracht und lebendig erhalten werden mußte – damit ihre religiösen Vorstellungen mit den Geistesforderungen des Christentums in Einklang kommen konnten.»

Skrefsruds herzensgute Frau, seine treue Stütze, wenn die Widerwärtigkeiten in Santalistan sich um ihn auftürmten, wurde nicht alt. Ihr Tod war der härteste Schlag, der ihn je traf. Durch seinen tief verankerten christlichen Glauben wußte er sie jedoch in der gewaltigen Arbeit nah, die bei ihrem Hinscheiden eigentlich erst begonnen hatte. Anne Onsum war seine Rettung gewesen, das war ihm stets bewußt. Wenn er später auf seinen merkwürdigen Lebensweg bis zur Begegnung mit dem Volk der Santal zurückschaute, gewann er immer stärker die Überzeugung von einer höheren Führung, einer geistigen *Prädestination,* einer Vorherbestimmung unseres Lebens und Wirkens auf Erden. Man konnte dies Schicksal nennen oder mit dem Wort der Inder: *Karma.* Dieses Wort mag den Lebens*weg* bezeichnen. Daß wir den Weg auch wirklich gehen, hängt wiederum von unserem Willen ab ...

Besonders deutlich fand er diese Überzeugung vom Propheten Jeremia ausgesprochen: «Und das Wort des Herrn geschah zu mir so: Ehe ich dich im Mutterschoße bildete, habe ich dich erkannt, und ehe du aus dem Mutterleib hervorkamst, habe ich dich geheiligt: zum Propheten für die Nationen habe ich dich eingesetzt.» Dieser Gedanke wird im Neuen Testament nicht widerlegt, im Gegenteil. Auch bei einzelnen Kirchenvätern fand er Belege für den Glauben an eine Existenz vor dem Erdenleben.

Man muß zugeben, daß die Lehre von der Präexistenz, wie Skrefsrud sie auffaßte, den Reinkarnationsgedanken fast greifbar – geistig gesprochen – berührt.

Vorderhand nahm die Not in weiten Teilen Santalistans alle Zeit und Gedanken der beiden Missionare in Anspruch. Am schwierigsten war es, den Alkoholismus, dem vor allem die Männer verfallen waren, zu besiegen. Skrefsrud erzählt: «Es kam vor, daß Leute sagten, sie ließen sich gerne taufen, wenn sie sich nur vollaufen lassen konnten! Wir wandten uns an die Regierung in Kalkutta um Unterstützung in der Bekämpfung dieses eingewurzelten Übels. Vergeblich. Aber dann brachten wir die Frauen auf unsere Seite. Wenn die Männer betrunken heimkamen, sollten sie ihnen die Türen versperren, sagten wir. Das half!»

Auch Børresen weiß einiges zu erzählen: «Gewöhnlich war ich es, der versuchen mußte, einen Ausweg zu finden, wenn wir in Geldschwierigkeiten steckten. Und das war häufig der Fall. Manche Nacht lag ich schlaflos und grübelte über einen Ausweg. In einer solchen Nacht stand mir plötzlich das

Bild eines Mannes in Kalkutta vor Augen. Er wird helfen, sagte eine Stimme. Ich reiste nach Kalkutta, und kaum war ich eingetreten, sagte er: ‹Børresen, ich wußte, daß du kommst. Etwas hat mir gesagt, daß ihr Hilfe braucht. Ich habe sofort Geld aufgetrieben, hier ...›»

Weiter berichtete Børresen: «Eines Tages, als Skrefsrud nicht zu Hause war, kam schreiend und johlend eine Schar Eingeborener gelaufen: ‹Tiger, Tiger – kommt und schießt!› Die Eingeborenen hatten keine Schußwaffen, aber Mr. Johnson hatte eine, und wir gingen los. – ‹Dort›, riefen sie und zeigten auf ein Dickicht, ‹dort ist der Tiger ...› Sie schlugen auf Trommeln und johlten, um das Tier hervorzuscheuchen. Und es kam! Johnson zielte, aber das Gewehr versagte, und mit einem gewaltigen Sprung war das Raubtier über ihm.» – Børresen stürzte ohne Waffe hinzu, und der Tiger ließ einen Augenblick vom Engländer ab. – «Ich brüllte, und der Tiger brüllte. Er setzte zum Sprung an ... Da kam der Dorfschmied und versetzte dem Tiger mit einer scharfen Axt einen Hieb. Dieser streckte den Mann nieder, und der tapfere Bursche verlor sein Leben. Aber auch der Tiger hatte genug und verendete am Blutverlust. Mr. Johnson war schwer verletzt, aber gerettet.»

Das Klima in großen Teilen Santalistans war ungesund. Mehrere Male erkrankte Skrefsrud schwer und mußte zurück nach Europa, um wieder zu

Kräften zu kommen. Währenddessen bemühte er sich durch eine ausgedehnte Vortragstätigkeit um Interesse und finanzielle Mittel für die sich im Aufbau befindliche Missions- und Kulturarbeit. Er sprach ja fließend deutsch und englisch, und rasch wurde er als völlig einzigartiger Vortragsredner bekannt – packend und wortgewaltig vom Augenblick an, da er ans Rednerpult trat. Der Andrang zu seinen Vorträgen war, nicht zuletzt in England, überwältigend. Und vor allem in Dänemark und Norwegen entstanden viele Unterstützungsvereine für die Santalmission.

Um dem Mangel an anbaufähigem Boden in Santalistan abzuhelfen, holte Skrefsrud von den Behörden die Erlaubnis ein, eine Kolonie weiter nördlich, in Assam, zu gründen. Dort konnten sie Tee anbauen, was bedeutend mehr Einnahmen brachte als der Reisanbau. Andere, nahestehende Stämme betrachteten die Assamkolonie jedoch mit Unmut. Ein Stammesführer sandte einen Boten zu den Missionaren und hieß sie kommen, so würden sie um einen Kopf kürzer ...

«Eine solche Einladung können wir nicht ablehnen», sagte Skrefsrud. – «Ich habe gehört, daß es ein gefährliches Volk ist», sagte Børresen, «du mußt dich bewaffnen!» Doch davon wollte Skrefsrud nichts hören. Dem Boten erwiderte er: «Überbring unsere Grüße und richte aus, daß ich komme und wünsche, so viele wie möglich anzutreffen!»

Er bestieg ein Reitpferd und nahm zwei, drei Eingeborene als Führer mit. Der Versammlungsort war eine große Lichtung im Wald. Mehrere hundert Angehörige des feindlichen Stammes hatten sich dort im Kreis um ein Lagerfeuer geschart. Skrefsrud überrumpelte sie, ritt mitten in den Kreis und rief mit dröhnender Stimme: «Ich habe eine Botschaft erhalten, daß ihr mit mir reden wollt. Hier bin ich!» Einer der Stammesführer erhob sich. «Der weiße Mann hat wohl auch noch eine weitere Botschaft erhalten?» – «Ja, aber mir scheint, zuerst sollten wir noch ein paar Worte miteinander sprechen.»

Als Antwort klang ihm bloß vereinzeltes Knurren entgegen. Doch ehe sie Zeit fanden, sich zu bedenken, begann Skrefsrud zu reden – mächtig, ruhig und in ihrer eigenen Sprache. Er erzählte, wie er mit den Behörden für die Rechte des Santalvolks gekämpft hatte. Ob sie ihn deswegen einen Kopf kürzer machen wollten? «Ich habe euch erzählt von einem Gott, der alle Menschen auf Erden liebt, das Volk der Santal genauso wie die Weißen, Braunen oder Schwarzen ... Soll ich deswegen bestraft werden? Branntwein und starkes Bier will ich abschaffen, das ist wahr. Ihr wißt jedoch selbst am besten, daß gerade dies es ist, was die Santal zerstört. Sagt mir also, was ich Schlechtes getan habe, daß ihr mir den Kopf abhacken wollt!»

Er redete lange, und er redete sich warm. Er stieg vom Pferd und stellte sich auf einen Stein. Dort blieb er stehen und wartete auf eine Antwort. Und da keine Antwort kam, sang er, so daß es im Wald widerhallte: *Thakur dularma,* «Gott ist die Liebe», das er selbst ins Santali übersetzt hatte.

Die Missionsarbeit – bei der es sich zugleich um eine Kultur- und Zivilisationsarbeit handelte – war während vieler Jahre äußerst langsam vom Fleck gekommen und hatte unermeßliche Ausdauer und Geduld erfordert. Allmählich aber kam sie in Schwung – ja, in einen solchen Schwung, daß nun nicht mehr die geringe Anzahl, sondern im Gegenteil die Vielzahl für die Missionare das größte Problem war. Es brauchte neue Mitarbeiter. Nicht alle konnten es an Tüchtigkeit und Selbstaufopferung mit Børresen und Skrefsrud aufnehmen. Es vertrugen auch nicht alle das Klima. Selbst Skrefsrud und Børresen mußten abwechselnd in die Heimat zurückkehren, um wieder zu Kräften zu kommen. Einmal blieb Skrefsrud ganze zwei Jahre hintereinander in Norwegen und anderthalb Jahre in Amerika. Aber Jahre des Ausruhens waren das nicht. Zu Hause wie in Amerika wurde er zum meistgefragten Vortragsredner, den Norwegen wahrscheinlich je hervorgebracht hat. Dadurch weckte er nicht bloß Interesse, sondern konnte auch große Geldbeträge für die allmählich äußerst umfassende Arbeit sammeln, die in Santalistan im Gang war.

Skrefsrud schuf eine Schriftsprache für die Santal – eine ungemein schwierige Aufgabe, weil in unserem gewöhnlichen Alphabet für viele der eigentümlichen Laute der Santalsprache keine Buchstaben vorhanden sind. Die Sprache weist überdies eine höchst komplizierte Grammatik und einen großen Reichtum an Nuancen und Redewendungen auf. Skrefsrud übersetzte selbst die vier Evangelien und viele Psalmen ins Santali. Zudem sammelte er eine Anzahl ihrer Mythen und Sagen und zeichnete sie auf. Wie er für diese gewaltige Arbeit noch Zeit fand, ist fast unbegreiflich. Auf die entsprechende Frage antwortete er, daß er sich angewöhnt habe, mit weniger Schlaf auszukommen als die meisten Leute.

Bei seinem Tod im Jahre 1910 war der Häuslerjunge Lars Olsen von Skrefsrud einer der weltweit berühmtesten Männer Norwegens, geehrt, bewundert und geliebt wie wenige sonst.

Die Strecke von der armseligen Hütte in Fåberg nach Santalistan in Indien ist lang. Der Lebensweg vom Einbrecher und Zuchthaussträfling zum mächtigen Verkünder des Geistes und Erbauer einer Kultur in «heidnischem Land» ist jedoch noch länger. Und er ist ein Wunder an sich, ein Kunstwerk des Schicksals, worin jede einzelne Episode die andere bedingt, wie die verschiedenen Themen einer gewaltigen Sinfonie. Wenn wir Skrefsrud ernst nehmen, so können wir seine innere Erfahrung von der angeborenen Vorherbestimmung seines Lebenswerks unmöglich verwerfen.

Das muß natürlich unverständlich bleiben für eine Denkart, die sich die treibende Kraft im Leben nur im Bild der «Peitsche im Rücken und

Mohrrübe vor der Nase» vorstellen kann. Aber selbst einer Betrachtungsweise, die nicht materialistisch sein will, mag es Schwierigkeiten bereiten, sich auf Skrefsruds Anschauung einzulassen. Wir sind kaum imstande zu sehen, worin seine Vorherbestimmung ihren Grund und Ursprung haben soll. Im Willen höherer Mächte? – Modernen Menschen erscheint eine solche Auffassung allzu verschwommen. Auf irgendeine Art muß sie deutlich gemacht werden können. Hergebrachter religiöser Glaube nimmt zu einem grenzenlosen Gottesbegriff seine Zuflucht. Dies bedeutet, auf das Verstehen zu verzichten. Wenn wir aber in Betracht ziehen, daß der Drang zu verstehen zum Edelsten, Wertvollsten unserer menschlichen Natur gehört, dann wird dieser Verzicht zu einer zweifelhaften Tugend. Hier wäre ein höheres Verstehen vonnöten, daran kommen wir nicht vorbei. Und gerade ein solches wird ja durch alle wahre Religion angesprochen.

Skrefsruds starkes Empfinden von einer Vorherbestimmung, einer angeborenen Inspiration als Ursache seines Lebenswerks braucht nichts Mystischeres an sich zu haben als die Genialität, die in vielen bedeutenden Geistern zum Vorschein kommt. Skrefsrud – soweit wir ihn verstehen können – erlebte die Vorherbestimmung als eins mit seinem eigenen vorirdischen Willen. Dadurch werden höhere Mächte in keiner Weise geringgeschätzt – ebensowenig wie der «Trieb» des Samenkorns, diese oder jene Pflanze zu werden, Sonne, Erde und Regen geringschätzt …

Aber wie das Samenkorn seinen Ursprung in einer früheren Pflanze hat – so das Menschenleben in einem früheren Dasein. Und wo sollte dies stattgefunden haben, wenn nicht auf unserer Erde?

Derjenigen Erde nämlich, die uns immer wieder aufs neue verpflichtet.

Freund der Gefangenen

Wer war sie? – In den ersten Jahrzehnten unseres Jahrhunderts wären darüber nicht viele im Zweifel gewesen. «Freund der Gefangenen» nannte man sie, einen der warmherzigsten Menschen, die je unter dem Himmel des Nordens die Augen aufgeschlagen haben: finnisch und adelig, auf einem prächtigen Gut geboren, von Dienern umgeben und das finnischsprechende Volk in respektvollem Abstand.

Es war im Jahr 1864, und Mathilda hatte neun ältere Geschwister. Als sie knapp ein Jahr alt war, verlor sie ihre Mutter. Mit den Worten: «Sie wird nun deine Tochter sein», legte die Sterbende den Säugling in die Arme der siebzehn Jahre älteren Schwester Helena. Und das ganze Leben hindurch blieb die Beziehung der beiden Schwestern geprägt von den Worten der Mutter.

Das einzige, was an Geschriebenem erhalten ist von Mathilda Wrede, sind ihre unzähligen Briefe. Und insbesondere die Briefe an Helena sind erfüllt von einer Wärme, die einem in unserer gefühlsarmen Zeit beinahe überschwenglich vorkommen kann. Dennoch sind sie niemals gekünstelt, stets einfach und liebevoll.

Wie Finnlands übrige schwedischsprechende Aristokratie damals, war die Familie Wrede selbstverständlich konservativ. Vor allem in dem Sinne, daß sie sich für Volk und Vaterland verantwortlich fühlte; für ein Volk, in dem die große Mehrzahl nahezu Analphabeten waren; für ein Vaterland, das kulturell mit Schweden eine gemeinsame Vergangenheit hatte, politisch jedoch unter dem Druck des russischen Zarenreichs stand.

Mathildas Vater war nicht nur Großgrundbesitzer, sondern auch Gouverneur der Provinz Vasa. So selbstverständlich wie seine humane, liberal-konservative soziale Haltung war sein religiöser Glaube. Eine kurze Hausandacht gehörte zum Tagesablauf. Dies alles trug viel zu der Geisteshaltung bei, die seine Kinder übernahmen.

Mathilda wuchs als ein richtiges Naturkind auf und war bei allen beliebt. Früh lernte sie, Blumen, Tiere und Menschen zu lieben. Auch eine angeborene Hilfsbereitschaft machte sich früh geltend. – Es kam die Zeit, da sie in ein Internat geschickt wurde, um all dasjenige zu lernen, was sich für junge Damen ihres Standes gehörte. Ihr neunzehnter Geburtstag rückte heran. Ein junger Mann von sogenannt guter Familie bekundete beträchtliche Aufmerksamkeit für Mathilda und rief in ihr allmählich entsprechende Gefühle hervor. Ihre Familie war nicht ohne Erwartung. Eines Tages sandte er ihr eine Postkarte mit der kurzen Mitteilung, er habe sich mit einer anderen verlobt. Das war Mathildas erste Begegnung mit dieser Seite des Lebens.

Einschneidender wurde ein ganz anderes Erlebnis. Finnland wurde von einer religiösen Erweckung erfaßt, einer volkstümlichen freikirchlichen Bewegung ohne theologischen Ballast, dafür mit einem starken persönlichen Appell. Worauf es ankam, war, Gott die innere Tür aufzutun. – «Weit auf», wurde verkündet, «so daß sie sich niemals mehr verklemmt!»

Mathilda hatte an der Versammlung teilgenommen und war ergriffen. Wie stand es mit ihr selbst? Die Tür war wohl stets nur angelehnt gewesen. Aber genügte das? Nein, das Christentum mußte mehr sein als bloßes Glauben und Hoffen. Es mußte liebevolles Tun werden! Aber wie? Als sie in ihrem Zimmer saß und darüber nachdachte, entdeckte sie zufällig, daß sich das Schloß einer Tür verklemmt hatte. So unglaublich es klingt, dies wurde schicksalsbestimmend. In Vasa gab es ein Gefängnis, wo man Gefangene vermietete, die verschiedene Arbeiten für die Leute ausführten. Unter den Gefangenen gab es einen tüchtigen Schlosser. Nach ihm wurde nun geschickt. Er kam, mit Ketten an den Füßen. Mathilda hatte wohl schon früher Gefangene in Ketten gesehen. Aber nur aus sicherer Entfernung. Und in der Überzeugung, daß es sich um Verbrecher handelte, die ihre Strafe verdienten. Nun sah sie zum ersten Mal einem Gefangenen in die Augen – klare Augen in einem menschlichen Gesicht.

Sie kamen miteinander ins Gespräch. Mathilda erzählte von der religiösen Erweckung, die sie erfahren hatte. Sie redete sich warm, sie öffnete sich ihm. Nach kurzem Schweigen sagte der Schlosser: «Es sind wohl einige da draußen bei uns, denen es guttäte, davon zu hören.» – «Glauben Sie?» – Ja, das meinte er allen Ernstes. Es endete damit, daß Mathilda versprechen mußte, am nächsten Sonntag nach der Kirche ins Gefängnis zu kommen.

Als ihr Vater das hörte, kamen ihm Bedenken. Es schien ihm gefährlich, und er wollte ihr verbieten zu gehen. – «Du hast uns gelehrt, Versprechen zu halten», antwortete Mathilda, «und ich habe versprochen zu kommen.» Damit war die Sache entschieden.

So begannen die Tausende von Gefangenenbesuchen, die Mathilda Wredes Namen in weiten Teilen der Welt bekannt machen sollten. Niemals vergaß sie diesen ihren ersten Besuch und wie sie danach, im Innersten bewegt, nach Hause kam. Ein fester Entschluß gab ihr Gewißheit: sie hatte ihre Aufgabe im Leben gefunden. Mathilda Wrede wurde später Engel der Gefangenen genannt. Dazu sagte sie: «Die Gefangenen wollen nicht Besuch von einem Engel. Sie wollen einem Menschen begegnen!» Und eben als der Mensch, der sie kraft ihres Christentums war, klopfte sie an die Zellentüren der Insassen, nicht um ihnen zu predigen, nicht um sie zu «bessern», sondern um zuzuhören.

In den Gefängnissen saßen damals zu einem großen Teil Diebe und Messerstecher. Diebe, die oft aus blanker Not zu Verbrechern geworden waren, Messerstecher, die der Branntwein zu Mördern gemacht hatte. Die Letztgenannten waren oft unbändig und wurden zeitweise in Ketten gelegt. In Mathildas Jugend wurden viele von ihnen nach Sibirien verschickt, wo sie sich in russischen Bergwerken zu Tode schindeten. So kam kaum einer von dort zurück. Eines Tages nun stand sie vor der Zellentür eines besonders gefährlichen Gefangenen. Er hieß Matti Haapoja. Da er gewalttätig und halsstarrig war, hatte man ihn in schwere Ketten gelegt.

Der Wächter zögerte aufzuschließen. Mathilda ließ sich jedoch nicht abschrecken. Sie fand den Mann auf der Pritsche liegen. Ihr Gruß blieb unerwidert. «Schlafen Sie?» fragte sie nach einer Weile. «Was wollen Sie hier?» fragte der Gefangene. «Ich habe gehört, daß Sie in Sibirien gewesen sind, und ich möchte gerne wissen, ob Sie dort Bekannte von mir getroffen haben.» Er antwortete darauf bloß mit einer abfälligen Bemerkung über ihr Aussehen. «Nicht alle können so gut aussehen wie Matti Haapoja», entgegnete Mathilda. Der Gefangene war tatsächlich ein schöner Mann. Das Eis war nun etwas gebrochen. «Aber kommen Sie mir nicht mit Gottes Wort als Trost», brummte er. Und Mathilda begriff, daß sie nichts anderes geben konnte, als Mitmensch zu sein. Einiges wußte sie schon über ihn, und mehr erfuhr sie im Laufe der nun folgenden Besuche.

Matti war der Sohn eines armen Kleinbauern. Er und seine Schwester hatten sich zu einem Tanzfest in der Nachbarschaft begeben. Dort hatte er wohl eins über den Durst getrunken. Darauf hatte der Sohn eines Großbauern begonnen, sich aufzuspielen, und die armen Schlucker verhöhnt, die meinten, sie «seien etwas». Matti sah die Schwester ein wenig verzagt auf einer Bank sitzen. War sie den Burschen etwa nicht gut genug? Ja, und dann hatte er sich vor den Prahlhans gestellt und gesagt: «Tanz mit der dort auf der Bank!» – «Der Teufel soll mich holen, wenn ich mit einer solchen Nebelkrähe tanze», entgegnete er. «Sag das noch einmal, wenn du es wagst!» Der Mann wiederholte es. Da hatte Matti das Messer gezogen und es ihm direkt ins Herz gestoßen.

Matti wurde überwältigt, kam ins Gefängnis und wurde nach Sibirien verschickt. Von dort war er entflohen, hatte aber auf der Flucht neue Morde und andere Verbrechen begangen. All dies und vieles andere erfuhr Mathilda nach und nach. Matti öffnete sich ihr immer mehr, es entstand ein tiefes Vertrauensverhältnis. Eines Tages bemerkte er, daß Mathilda eine Bibel bei sich hatte. Er warf einen schiefen Blick darauf. «Glaubst du wirklich daran?» fragte er. «Gewiß. Und dieser Glaube hat mir in manch schwerer Stunde geholfen.» – «Dann kannst du wohl auch etwas finden, was auf mich zutrifft?»

Guter Gott, steh mir bei, dachte Mathilda. Sie reichte Matti das Buch und bat ihn, es selber aufzuschlagen. Matti schlug die erste Seite auf: die Schöpfungsgeschichte! Das sollte sie ihm vorlesen. Die machtvollen Bilder, in Mathildas klarer Stimme vorgetragen, machten einen gewaltigen Eindruck auf ihn. Mathilda kam auf die Worte «Es werde Licht!» zurück und sprach vom inneren Licht, das in jeder einzelnen Menschenseele angezündet werden kann. Es endete damit, daß Matti sie bat, ihm die Bibel auszuleihen. Er bekam sie nicht nur geliehen, er bekam sie geschenkt.

Sooft sie konnte, besuchte sie Matti. Oder sie schrieb ihm Briefe. Allmählich setzte sich in Matti die Überzeugung fest, er müsse nach Sibirien zurück, um dort die Morde und Verbrechen zu sühnen, die er auf der Flucht begangen hatte. Es peinigte ihn, daß vielleicht andere der Untaten beschuldigt wurden, die er verübt hatte. Doch nun war ein Gesetz in Kraft getreten, das die Verschickung von Finnen nach Sibirien verbot. Mit Mathildas Hilfe ersuchte er immer wieder darum, als Freiwilliger zurückgeschickt zu werden. Die Behörden ließen sich nicht einmal zu einer Antwort herab. Matti war inzwischen ein umgänglicher Gefangener geworden und von den Fußfesseln befreit. Doch es verdroß ihn, weder bei Gott noch bei den Behörden Gehör zu finden. So faßte er schließlich den verzweifelten Gedanken zu fliehen. Es war ihm gelungen, ein Seil mit einem Haken daran herzustellen, den er über die Mauer des Gefängnishofs schleudern wollte. Der Fluchtversuch mißlang. Es kam zu einem wilden Handgemenge, das einen Wächter das Leben kostete. Matti wurde festgenommen und erneut in schwere Ketten gelegt.

Für Mathilda war dies ein fürchterlicher Schlag – der gewiß nicht leichter wurde dadurch, daß Matti Gott seiner Ungerechtigkeit wegen verfluchte und sich das Leben nahm.

Und doch war dies nur eines der vielen Gefangenenschicksale, mit denen Mathilda Wrede sich verband. Stets war ihr Denken auf das *Eigentliche* in jedem Menschen gerichtet, das Unsterbliche. Auch in Matti Haapoja hatte sie dieses Innerste gefunden. Und das verlor sie niemals aus den Augen – denn sie war sich gewiß: wenn sie als geringer Mensch verstehen und vergeben konnte – wieviel mehr würde da nicht eine alliebende Gottheit verstehen und vergeben.

Mathilda besuchte auch das Frauengefängnis. Aber dort war es nicht immer so leicht, das Vertrauen der Insassinnen zu gewinnen. Oftmals schienen ihr die Frauen weniger aufrichtig zu sein als die männlichen Gefangenen. Sie empfanden die Strafe als ungerecht und hatten Selbstmitleid, nahmen Zuflucht zu Tränen und beklagten sich über schlechte Behandlung. Bestimmt nicht ohne Grund. Wenn sie so Bestätigung erheischten, wußte Mathilda nicht recht, was sagen. Trotzdem konnte sie einigen der Unglücklichen helfen. Darunter einer jungen Frau, die, als ihr Mann sie betrogen hatte, in einem Anfall von Umnachtung ihr Kind tötete. Sie kroch auf dem Fußboden umher und wähnte Tag und Nacht, das Kind weinen zu hören. Mathilda fand Worte, die sie zur Besinnung brachten und ihr Trost gaben. Oder sie kam in die Zelle einer Frau, die ihren Mann vergiftet hatte. Nun saß sie da wie versteinert und starrte ausdruckslos vor sich hin. Auf Mathildas Gruß erfolgte ein schwaches Nicken. Allmählich begriff sie, wer mit ihr sprach, und sie erhob sich. Nach und nach kam Leben in ihr Gesicht, und es wurde ein gutes Gespräch.

Aber nicht immer fand Mathilda Zugang zu den bejammernswerten Herzen. Auch sie mußte Enttäuschungen verschmerzen und sich machtlos fühlen. In ihre Gebete schloß sie trotzdem auch diejenigen Gefangenen mit ein, die sich ihr nicht hatten anvertrauen können.

Nach einer großen Zahl von Besuchen im Frauengefängnis rief der Direktor Mathilda Wrede zu sich ins Büro. Höflich bedauerte er, dem Freifräulein mitteilen zu müssen, daß der Gefängnispfarrer es nicht dulde, daß sie Einzelgespräche mit den Insassinnen führe. *Er* sei ihr Seelsorger. Es sei *sein* Verantwortungsbereich, in den sie eingreife. Und es bereite ihm Sorgen, daß sich das Freifräulein nicht immer an die reine und wahre lutherische Lehre halte. In der Folge kam es zu einer wenig erfreulichen Aussprache mit dem Pfarrer. Mathilda Wrede wurde klar beschieden, Gefangenenbesuche seien seine Sache, und er verbiete sich jede Einmischung.

Mathilda notierte in ihrem Tagebuch: Wie schmerzvoll, bei sogenannten Christen geistige Eifersucht und Engstirnigkeit zu spüren.

Religiöse Unduldsamkeit lag Mathilda Wrede fern. Sie war vor allen Dingen ein Mensch der Tat. In ihrer Lebensanschauung war kein Platz für Zweifel an der Wirklichkeit Gottes. Diese Wirklichkeit gab dem Menschenleben einen höheren Sinn, gab jedem einzelnen Menschen auch eine Aufgabe, die er auszuführen hatte. Sie selbst hatte den Auftrag bekommen, verirrten Seelen zu helfen, sich selber zu finden, den Sinn ihres Daseins auf Erden zu erfassen. Nicht durch psychologische Verbrämungen, auch nicht so sehr durch Verstehen, als vielmehr durch Glauben. Aber das war ein suchender Glaube, weit entfernt von allem «Wähnen». Mathilda glaubte an das zutiefst Gotterschaffene, Ursprüngliche in jedem scheinbar noch so geringen und verkommenen Menschen. Und es darf getrost behauptet werden, daß dieser Glaube von ihr eine helfende, aufbauende Wirkung ausübte.

Schlank und hochgewachsen, war Mathilda Wrede trotz ihrer schlichten Kleidung eine stattliche Frau. Es wird gesagt, besonders ihre Augen hätten einen unvergeßlichen Eindruck gemacht. So gesehen, hatte sie alle Voraussetzungen, um ihr sogenanntes Glück im Leben zu machen. Und wir wissen, daß sie vor einer Wahl gestanden haben muß: sollte sie – geborenes Freifräulein – Herrin auf einem der großartigsten Herrensitze Finnlands werden, oder sollte sie ihre Besuche bei den gefangenen, ausgestoßenen, unseligsten aller Menschen fortsetzen? Mathilda selbst achtete nicht groß auf Reichtum und Ansehen – das tat vielleicht ihre Familie. Doch sie achtete den außergewöhnlich edlen Menschen, den wie sie selbst tiefernsten Baron Nicolay. Viel ist über das Verhältnis der beiden spekuliert worden. Ihre Freunde und Verwandten wußten, daß es so «nahe daran» war wie nur möglich. In den vielen Briefen, die Mathilda hinterlassen hat, findet sich kein einziges Wort von Nicolay. Sie hat alles von ihm verbrannt. Auch in seinen hinterlassenen Papieren fand sich nichts von Mathilda. Auffallend ist, daß auch er nie geheiratet hat.

Die Jahre verstrichen, Mathilda Wrede setzte ihre Gänge durch die Gefängnisse fort, brachte unzähligen Gefangenen Trost und Hilfe. Wovon lebte sie in all dieser Zeit? Ihre Gefangenenbesuche brachten natürlich keine Einnahmen. Im Gegenteil, denn angestellt wurde sie ja nie. Auch wenn sie aus einer begüterten Familie stammte, mußte doch durch viele geteilt werden. Das, was Mathilda schließlich übrigblieb, war bescheiden, reichte aber, um ohne große Ansprüche auszukommen. Später erhielt sie von einem wohlhabenden Bewunderer eine Leibrente.

Mitunter war sie derart erschöpft von den Gefangenenbesuchen und allem, was dabei auf sie eindrang, daß sie Urlaub nehmen mußte, um wieder zu Kräften zu kommen. Gerne war sie dann zu Gast auf den Schlössern und Gütern ihrer großen Verwandtschaft und naher Freunde innerhalb der damaligen Aristokratie. Denn nach und nach war Mathilda ja berühmt geworden. «Du kennst das Leben im Grunde nur in seinen gesellschaftlichen Extremen», sagte ihr Bruder, «entweder die ganz unten oder die ganz oben. Mit der großen Mittelschicht bist du vermutlich nie richtig in Kontakt gekommen!» Lächelnd mußte Mathilda einräumen, daß da wahrscheinlich etwas dran war. Auf jeden Fall freute sie sich aufrichtig über den Komfort, der ihr zuteil wurde. Sie hatte eine fast kindliche Freude daran, mit schönen, vor eine stattliche Kutsche gespannten Pferden auszufahren. Auch Auslandsreisen konnte sie sich gönnen.

Nahezu dreißig Jahre lang ging sie durch die Gefängnisse Finnlands, von Gefangenem zu Gefangenem, tröstete und half. Da erhielt sie eines Tages von der hohen Obrigkeit den Bescheid, es sei unerwünscht, daß sie mit den Insassen Einzelgespräche führe. Sicherheitshalber müsse ein Dritter zugegen sein. – Mathilda brauste auf: «Unmöglich! Ich besuche doch die Unglücklichen nicht, damit sie ihre Schmach und Qual vor einem Dritten bloßlegen!» Ihr Protest half nichts. Sie versuchte, den Behörden begreiflich zu machen, daß die Vertrautheit, die für ihre Gefangenenhilfe Voraussetzung war, verlorengehen würde. Vergeblich. Selbst mit der Unterstützung ihrer einflußreichen Freunde konnte sie nichts erreichen.

Damit war Mathilda Wrede von einem mehrere Jahrzehnte langen Wirken ausgeschlossen. Es kam wie ein Blitz aus einem, wie sie gemeint hatte, heiteren Himmel. Es trifft zu, daß sie einen langen Sanatoriumsaufenthalt nötig hatte, da sie krank und erschöpft war. Man kann sich daher fragen, ob nicht die «Kündigung» ihr Leben um etliche Jahre verlängert hat. Als sie aber nach und nach wieder zu Kräften kam, packte sie von neuem an – nun aber an einem anderen Ende ihrer Gefangenenhilfe. Viele Häftlinge hatten ja Angehörige, die oft Dutzende von Kilometern weit abseits in der Wildnis wohnten. Der Gedanke daran, wie es zu Hause wohl gehen mochte, belastete die Insassen oft mehr als die Gefängnisstrafe selbst.

Bereits bevor die neue Bestimmung in Kraft trat, hatte Mathilda vielen Strafgefangenen geholfen, die Verbindung mit ihrer Familie aufrechtzuerhalten. Und diese Aufgabe rückte in ihrem Wirken nun in den Vordergrund. Oft ging es um Menschen, die kaum lesen und schreiben konnten.

Ihre enge Freundin Ester Ståhlberg hat in ihrer großen Biographie Mathildas Erzählung lebendig wiedergegeben, wie sie sich auf den Weg machte, durch unwegsame Wälder, in ein weit abgelegenes Gebiet, um Frau und Kindern Grüße eines Mannes zu bestellen, der seine Strafe absaß. Eine Strecke mit dem Zug, dann mit dem Schiff über einen See, darauf mit schwerem Rucksack zu Fuß. Eine Zeitlang konnte sie noch nach dem Weg fragen, schließlich aber blieb nichts anderes mehr übrig, als einem Waldpfad zu folgen. In den Mooren, die ganz gelb waren von Multebeeren, war er kaum mehr auszumachen. Ein herrlicher Anblick – aber dort? Etwas Braunes, das sich zwischen den Grashügeln rührt? Ein zottiger Petz! Der König des Waldes, der tüchtig den Multebeeren zusprach. Mathilda stand einen Moment lang das Herz beinahe still. Der Bär schien sie jedoch kaum zu bemerken.

Noch ein Stück durch dichten Wald, dann einen Hügel hinan, wo es sich lichtete; eine dürftige Kate in einer Rodung mit wunderbarer Aussicht! Ja, wenn die Menschen davon bloß hätten leben können! Eine Schar zerlumpter Kinder lief barfuß umher und suchte sich, erschreckt durch den Anblick eines fremden Menschen, zu verstecken. Die Tür stand offen, Mathilda stieg über die Schwelle. Schmutz und Unordnung überall. Unter einem Lumpenhaufen lag ein krankes Kind in einem Winkel.

Wo ist die Mutter?

Sie arbeitet drunten auf dem Hof, antwortete das älteste, ein zwölfjähriges Mädchen.

Wann kommt sie nach Hause?

Samstagabend.

Seid ihr die ganze Woche allein?

So war es. Mathilda konnte ihnen Grüße vom Vater überbringen und berichten, daß er an sie dachte. Dann begann sie aus dem Rucksack auszupacken, was sie mitgeschleppt hatte: Eßwaren und Leckereien, Joppen und Hemdchen. Die Kinder, mager und grau, machten große Augen. War das alles für sie? – Ja, für sie! – «Aber nun sollt ihr mir helfen sauberzumachen!» Dazu waren sie mehr als gewillt. Somit wurde ein Reinemachen veranstaltet, das bis spät am Abend dauerte. Mathilda zog es vor, unter freiem Himmel zu übernachten – zusammen mit einer Schar Wildgänse.

So lernte Mathilda ihr Land und Volk kennen wie wenige sonst. Während der politischen Stürme und des Bürgerkriegs, die später ausbrachen, war ihr Herz, was die Sache betrifft, wohl eher auf Seiten der Roten als der Weißen. Die Brutalitäten jedoch, die begangen wurden, erfüllten sie mit Trauer und Abscheu.

In späteren Jahren, als sie nicht mehr imstande war, die Leute draußen in der Wildnis zu besuchen, widmete sie sich vor allem dem geistig-religiösen Leben, das von Jugend an die Kraftquelle ihres Wirkens gewesen war. Leitstern blieb weiterhin das Gefühl der Zusammengehörigkeit mit jedem einzelnen Menschen, ungeachtet der sozialen Stufe, auf der er stehen mochte. Nun kam dies in ihrer *Toleranz* zum Ausdruck. Sie befaßte sich mit Einigungsbestrebungen – ohne dadurch verschiedenartige Religionsgemeinschaften «vereinigen» zu wollen.

Mathilda Wrede selbst war ein ausgeprägter Willens- und Tatmensch. Wenn sie dennoch von einer tiefen Toleranz beseelt war, dürfen wir annehmen, daß diese seltene Eigenschaft den rechten Nährboden in den unzähligen Begegnungen mit den unterschiedlichsten Gefangenen fand, die gewiß nicht gerade Engel waren. Grundlage ihrer

Lebensanschauung war ein unerschütterlicher Glaube an den Menschen als ein von Gott erschaffenes Wesen, dessen Innerstes daher einen guten Kern birgt. Das hatte sie im Zusammensein mit dem «Abschaum» der Gesellschaft selbst erfahren.

In der Zeit nach dem Ersten Weltkrieg beteiligte sie sich eifrig an der Arbeit für ein einträchtiges Europa auf christlicher Grundlage. Ein an sich großer und einfacher, dem politischen Leben aber fernstehender Gedanke. Mathilda Wredes Hoffnung war im Einklang mit der Hoffnung der Menschheit. Aber sie setzte eine geistig-moralische Bereitschaft voraus, die sich selten fand, die zuerst erarbeitet werden mußte. Ihr Glaube war «naiv». Darin, wie in vielem anderem, unterschied sie sich von ihren Zeitgenossen. Ein Unterschied, der sie rätselhaft erscheinen läßt, auch wenn sie in ihrem ganzen Wesen offen und klar war.

Auch ihre Nächsten nahmen dieses Einzigartige an Mathilda wahr – ihre Sicherheit in sich selbst, ihre Ruhe in ihrem Anderssein. Woher stammte dies? War es geerbt? Wenn ja, von wem? – Es war begründet in Mathildas «Gewissens-Ich», im zutiefst Persönlichen. In etwas, was sich nicht auf andere übertragen läßt.

Sie selbst würde wahrscheinlich geantwortet haben: Im Gebet besitzt die Menschenseele einen Berührungspunkt mit Gott. Das schenkt uns die Sicherheit, deren wir im Leben bedürfen.

Als nach einer Zeit der Krankheit der Tod herannahte, wurde Mathilda von einer überwältigenden

Seligkeit erfüllt. Ihre letzten Worte waren: Ich bin der glücklichste Mensch auf der ganzen Welt! Das war am Heiligen Abend des Jahres 1927. Als die Kirchenglocken den Weihnachtsmorgen einläuteten, war Mathilda Wrede zu ihrem Ursprung in der geistigen Welt zurückgekehrt.

Was ist Schicksal?

Lebensgeschichten, wie die hier kurz skizzierten, gäbe es viele zu erzählen. Wieder und wieder würden sie Verwunderung hervorrufen und die alte Frage aufwerfen: Woher kommen wir? – Wer sind wir? – Wohin gehen wir? – Mit einem immer neuen Antlitz würde sich die Schicksalsfrage stellen.

Eine eindeutige und erschöpfende Antwort werden wir nicht geben können. Wie im Leben müssen wir uns damit begnügen, ein Stück weit zu kommen. In der Geisteswissenschaft, die den Namen *Anthroposophie* erhalten hat, tritt das Wort Schicksal oft in den Hintergrund. Statt dessen wird meist der altindische Ausdruck *Karma* verwendet. Dieses Wort weist auf ein gesetzmäßiges Anknüpfen an frühere Leben auf Erden hin. Im gewöhnlichen Gebrauch beinhaltet dies unser europäischer Ausdruck Schicksal nicht.

Aber Karma deutet nicht nur auf Vergangenes zurück, es läßt uns auch vorwärts schauen, auf kommende Erdenleben. Es handelt sich um einen umfassenden und komplizierten Begriff. Wenn er bisweilen als auf menschlich-seelische Verhältnisse angewandtes Kausalitätsprinzip aufgefaßt wird, so findet dabei leicht eine Vereinfachung statt, die nicht der Wirklichkeit entspricht. Karma, im Sinne eines Kausalkomplexes, kann sich auf höchst unterschiedliche Weise einen Weg bahnen. Es fragt nicht nach unserem Willen, trotzdem aber kann unser freier Wille die karmischen Wirkungen modifizieren. Denken wir etwa an eine Krankheit, die vielleicht karmische Ursachen hat. Was wir aus der Krankheit zu machen vermögen, ist jedoch etwas ganz anderes und Neues. Es kann seinerseits wiederum Ursache von etwas höchst Positivem in einem zukünftigen Karma werden.

Viele Beispiele ließen sich anführen. Vor allen Dingen darf Karma nicht als totes, mechanisches Kausalverhältnis verstanden werden. Wenn wir uns getrauen, an unser Schicksal oder Karma im Sinne einer höheren Führung im Leben zu glauben, dann entsteht zunächst die Schwierigkeit, daß es in Konflikt geraten kann mit unserer eigenen bewußten Führung. Eine weitere Schwierigkeit liegt darin, daß Karma fast immer gleichsam in Zufälligkeiten verkleidet auftritt. Oftmals erscheint es zweideutig, kommt zunächst vielleicht als Unglück daher – später kann es sich als Rettung erweisen.

So etwa, wenn wir von Lars Skrefsrud hören, daß er als achtzehnjähriger Einbrecher zu rund zweieinhalb Jahren Gefängnis verurteilt wurde. So gesehen, war das eine traurige Geschichte. Aber was, wenn er nicht eingesperrt, nicht radikal aus einem verdorbenen, völlig geistlosen Milieu herausgerissen worden wäre? Hätte er dann seine geniale Sprachfähigkeit entdeckt? Wäre er dann derjenige Skrefsrud geworden, den die Welt wegen seiner großen Tat für eines der verkommensten Völker der Erde bewundert? – Oder erinnern wir uns, wie der junge Champollion auf Grund seiner naiven Napoleonbegeisterung aus der Universität Grenoble ausgeschlossen wurde und ihm darauf nichts anderes blieb, als sich an jenes Werk zu machen, das ihm Weltruhm verschaffen sollte: das Rätsel der Hieroglyphen zu lösen.

Ein, mit Verlaub zu sagen, humorvolles Beispiel vom Eingreifen des Schicksals finden wir in Bjørnsons Biographie. Er erzählt selbst, daß die Schule, die er besuchte, «klein, von rechtschaffener Art» war: «verlassen konnten sich darauf Kirche und Staat». Sie lag in Molde, und es war nur natürlich, daß der Pfarrer auf der anderen Seite des Fjords seinen Sohn dorthin schickte. Bjørnson war ein mäßig begabter Schüler, im übrigen aber gab es manches, was durchaus nicht mäßig war – besonders sein Begeisterungsvermögen. Es war im Jahre 1848. Allmählich drangen die Wogen der Freiheit, ausgelöst durch die Februarrevolution, bis in den Romsdalsfjord. Die Bürger von Molde glaubten trotzdem, sich die Ausgaben für die Feier zum 17. Mai sparen zu können. Da verfaßte der sechzehnjährige Schüler einen flammenden Artikel in der Lokalzeitung: «Rede der Freiheit an die Moldenser». Selbstverständlich anonym, wie es dazumal Brauch war.

Der junge Bjørnson hatte wohl dabei die Schule etwas vernachlässigt, einen Aufsatz nicht rechtzeitig abgegeben oder was auch immer. Der Lehrer befand, er habe eine Strafe verdient, welche darin bestand, unter dem «Joch» hindurchzugehen – dem ausgestreckten Arm des kleingewachsenen Lehrers.

Da weigerte sich Bjørnson trotzig. Wer die «Rede der Freiheit» geschrieben hatte, konnte nicht unter einem Joch hindurchgehen! Man holte den Schulleiter herbei. Der Schüler weigerte sich weiterhin – und wurde nach Hause geschickt, zu seinem strengen Vater im Pfarrhaus zu Nesset. Mitten in der Woche klopfte es an die Studierzimmertür. Das Normale wäre gewesen, daß der Vater ihn zurückgeschickt hätte mit der klaren Anweisung, die verdiente Züchtigung auf sich zu nehmen. Aber nein! Ausgerechnet zu jener Zeit befand sich der Pfarrer selbst in Auflehnung gegen seinen Vorgesetzten, den Bischof. Er war entzückt, daß sein Sohn sich nicht demütigen lassen wollte. Und so wurde rasch beschlossen, daß er stattdessen im Herbst in Heltbergs «Studentenfabrik» in Kristiania eintreten sollte.

Ein Spiel sogenannter Zufälle. Aber damit Bjørnson eben *Bjørnson* werden konnte in Norwegens großem nationalem Jahrhundert, war dies von größter Bedeutung! Ja, es war völlig geistesnotwendig, daß er dort Jugendfreundschaften mit einer Anzahl jener Männer knüpfte, die später das Vaterland wiederaufrichteten. Einiger der bekanntesten unter ihnen gedenkt er in einem Gedicht:

Groß und schmächtig, halb träumend, in vorderster Linie
saß und grübelte vor sich hin *Aasmund Olavson Vinje.*
Angespannt und mager, das Gesicht ganz gipsern
hinter einem ungeheuren kohlschwarzen Bart, *Henrik Ibsen.*
Ich, der jüngste der Gruppe, abwartend, war noch nicht
mit von der Partie,
bis nach Weihnachten ein neuer Jahrgang einzog – *Jonas*
Lie …

Man kann darin einen Zufall erblicken. Wenn jedoch das Zusammenspiel der Zufälle sichtlich sinnvoll wird, beginnen wir etwas mehr zu spüren und fragen nach dem Schicksal. Das Wort stammt vom niederländischen *Schicksel*, das «Zurüstung, Reihe, Anordnung, Fatum» bedeutet. Ebenso hängt Geschick mit «(geschehen lassen), bewirken, fügen» zusammen. Andere Wörter, die in dieselbe Richtung deuten, sind Bestimmung und Vorsehung.

Doch die Vorsehung, das Schicksal, gereicht nicht immer zum Glück. Im Gegenteil. «Das Schicksal stieß mich um mit seinem langen Stab» lesen wir beim Dichter. Ein Wort, das viele haben erfahren müssen. Ein erschütterndes Beispiel vernahm der Schreibende von einer Deutschen. «Wir wohnten in Dresden», erzählte sie. «Es war im Krieg, mein Mann war einberufen. Als die Städtebombardierungen einsetzten, schien es mir am sichersten, mit den Kindern in ein Dorf ein gutes Stück außerhalb der Gefahrenzone zu ziehen. Eines Tages bat ich die beiden älteren Töchter, in unsere Wohnung in der

Stadt zu fahren und einige Dinge zu holen. Die Verbindungen waren schlecht, sie mußten daher in der Stadt übernachten. In jener Nacht wurde Dresden bombardiert. Beide Kinder kamen ums Leben. Ich selbst habe sie in den Tod geschickt.» Sie fügte etwas Merkwürdiges hinzu. Einige Zeit davor hatte die älteste Tochter einen Traum erzählt. Aber er war über all den Ereignissen in Vergessenheit geraten. Im Traum schien ihr, sie begegne einer Gestalt, die sie als den Tod empfand. Und die Gestalt sagte, sie sei gekommen, um sie zu holen. Im Traum hatte das Mädchen geantwortet, sie könne nicht begreifen warum, sie sei ja noch ein Kind. Da schien ihr, als erhalte sie zur Antwort: «Es wird geschehen aus Gründen und nach einem Gesetz, von denen die Menschen nichts wissen.»

Wieder fragen wir: Was ist Schicksal? Zahllose Geschichten könnten erzählt werden. Der eine kommt zu spät, verpaßt das Unglücksflugzeug und entgeht der Katastrophe. Ein anderer, der vielleicht den Zug nehmen wollte, besinnt sich anders und nimmt gerade diese Maschine …

Der Gedanke an Zufall ist naheliegend. Und er besagt – in gewissem Sinne durchaus richtig –, daß Schicksal erlebt wird, wo zwei Kausalketten sich schneiden, von denen jede für sich genommen nichts mit der anderen zu tun hat. Nehmen wir zum Beispiel an, durch einen Sturm sei ein Baum auf die Straße gestürzt. Das ist das Resultat einer langen Reihe von Ursachen und Wirkungen. Nun kommt ein Autofahrer, der in einer ganz persönlichen Angelegenheit unterwegs ist. Da haben wir die beiden Ketten. Im «Kreuzungspunkt» geschieht das Unglück. Für sich genommen, läßt sich jede der beiden Kausalreihen verstehen. Über dem Kreuzungspunkt aber schwebt eine Frage, die sich von keiner der beiden Reihen her beantworten läßt.

Viele sind oder machen sich unempfindlich gegen solcherlei schwebende Fragen. Anders sieht es aus, wenn wir uns der Sache vom Gedanken der wiederholten Erdenleben her annähern. Was selbstverständlich nicht heißt, daß wir eine Lösung zur Hand haben. Doch liegt es in der Natur der Sache, daß ein Zusammenhang zwischen den verschiedenen Inkarnationen bestehen muß. Nicht nur zwischen der jetzigen und den vorangehenden, sondern auch vorbereitend zwischen der jetzigen und zukünftigen.

Äußerste Behutsamkeit ist einer solchen Möglichkeit gegenüber angebracht. Gleich eine Strafe für Vergehen in früheren Leben darin zu sehen, wenn etwas «in die Brüche geht», wäre einfältig. So einfach ist der Zusammenhang bestimmt nicht. Mit der Reinkarnationsidee verbunden ist ein *Erziehungsimpuls.* Die Menschheit soll sich entwickeln. Von Erdenleben zu Erdenleben machen wir eine umfassende Erziehung durch. Zum Teil geschieht dies durch religiöse und soziale Gemeinschaft, vor allem aber durch das Schicksal, das jeder einzelne zu tragen hat – dürfen wir annehmen.

Für einen Großteil der östlichen Menschen ist der Reinkarnationsgedanke verbunden mit der Lehre vom *Karma* – dem Schicksalserbe früherer Erdenleben. So etwa im Buddhismus, wo es zum Ideal geworden ist, so friedfertig und enthaltsam zu leben, daß kein neues Karma entsteht, kein Drang oder Zwang zu weiteren Erdenleben.

Im Westen dagegen, nicht zuletzt bei den alten Griechen, war die Daseinsfreude hochgeschätzt. Wenn sie aber zu Hochmut führte, erschien die Göttertochter Nemesis und wies die Menschen zurecht. Das war das Schicksal. Und dicht unter der Daseinsfreude lag auch bei den Griechen die Tragödie. Und die Tragödie fand ihren gewaltigsten Ausdruck bei Sophokles, in seinem Schauspiel *König Ödipus.* Es beruht auf der Sage vom Königssohn Ödipus, dessen Geburt von einer furchtbaren Schicksalsverkündigung überschattet wurde: Er würde seinen Vater töten und die eigene Mutter heiraten. So wurde es den Eltern vorhergesagt, und sie ließen das neugeborene Königskind in den Bergen aussetzen, um es auf diese Weise den Göttern zurückzugeben. Doch das Kind wurde gefunden und von einem anderen Königspaar aufgezogen.

Das Verbrechen, das Ödipus durch das Schicksal auferlegt war, kann uns ziemlich gesucht vorkommen. Freud deutete es, wie wir wissen, auf seine Weise. In seiner Psychoanalyse werden wir alle mit einem heimlichen Ödipuskomplex ausgestattet. Trotz Freud liegt es nahe zu fragen: Hat der Mythos nicht noch eine weitere symbolische Bedeutung? Es könnte darin eine Art Bewußtseinswandlung zum Ausdruck kommen, der schmerzvolle Konflikt zwischen einem ursprünglich mehr träumerischen Seelenzustand und dem scharfen, taghellen, weltoffenen Verstand. Der erste Zustand – dürfen wir annehmen – wurde eher als warm und beschützend, gleichsam als Umarmung der Mutter empfunden. Der zweite als eher kühl und nackt, im Bild des Vaters.

Wir erinnern uns, daß die Geburt der Philosophie, das *selbständige* Denken des Menschen, in die griechische Kultur fällt. Klar umrissene Begriffe lösten mythisch-bildhafte Schauungen ab. Diese Schauungen wurden schließlich zu bloßen Erinnerungen. Kann es die Abneigung gegen diese gewiß qualvolle Entwicklung sein, die sich in der Tragödie widerspiegelt? Ist sie der Mythos der Griechen von der Vertreibung aus dem Paradies? Auf griechische Weise als Schicksal personifiziert?

Falls dies Sophokles' Dichtung zugrunde liegt, ahnen wir einen Doppelsinn in der Tragödie: einen psychologischen, den Freud gefunden zu haben glaubt, und einen geistesgeschichtlichen in der Bewußtseinsentwicklung der Menschheit selbst.

Auch die Völker des Nordens wußten ihr Leben den strengen Bedingungen des Schicksals unterworfen. Davon berichten die altisländischen Sagas. Wir hören zuerst, daß das Menschengeschlecht aus zwei Bäumen hervorging, Askr und Embla. Sie konnten wenig und waren «ørloglausa», schicksallos! Schicksal und Macht wurden ihnen erst zuteil, als die Götter sie mit Geist, Gefühl und Leben beseelten.

Und in der Saga von Gunnlaug Schlangenzunge wird folgendes erzählt: In Borg am Borgarfjord wohnte ein mächtiger Fürst. Er hieß Torstein und war der Sohn von Egil Skallagrimson. Eines Tages ritt er zum Thingplatz hinauf, um seine Thingbude instand zu setzen. Ein Norweger mit Namen Bergfinn begleitete ihn. Nach der Arbeit ruhten sie aus; Torstein schlief ein und benahm sich sehr unruhig im Schlaf. Als er erwachte, fragte ihn Bergfinn, was er geträumt habe. Torstein wollte zuerst nicht damit herausrücken. «Träume sind ohne Bedeutung», sagte er. Aber als sie sich auf dem Heimweg befanden, fragte ihn Bergfinn abermals, was er geträumt habe. Torstein antwortete: «Wenn ich dir den Traum sage, sollst du ihn mir auch richtig deuten.» Und nun erzählte er: «Mir träumte, ich wäre daheim in Borg und stünde vor dem Haupteingang des Hauses. Ich sah zum Hause empor und erblickte an dem Dachfirst einen schönen und glänzenden Schwan. Er war mein und gefiel mir außerordentlich wohl. Da sah ich oben von den Bergen her einen großen Adler fliegen. Er flog dazu, setzte sich neben den Schwan und zwitscherte zärtlich auf ihn ein. Jenem schien das aber gar wohl zu behagen. ... Bald darauf sah ich einen anderen Vogel von Süden her fliegen. Der flog ebenfalls nach Borg. Er setzte sich auf den Dachfirst zum Schwan und wollte diesen für sich einnehmen. Es war gleichfalls ein großer Adler. Bald schien mir der Adler, der vorher gekommen war, sich gewaltig über den Neugekommenen zu erbosen. Sie kämpften heftig und lange, und ich sah, daß beide bluteten. Ihr Kampfspiel endete so, daß jeder nach einer Seite vom Dachfirst niedersank. Beide waren tot. Der Schwan aber blieb sehr traurig und niedergeschlagen sitzen. Da sah ich nun einen Vogel von Westen fliegen. Das war ein Habicht. Er setzte sich zum Schwan und tat schön mit ihm. Darauf flogen beide zusammen nach der gleichen Himmelsrichtung fort. Und da erwachte ich. Aber ... der Traum fällt nicht ins Gewicht. Es deutet wohl auf Stürme, daß die Vögel sich in der Luft treffen, aus den Himmelsgegenden, von denen jene kamen.»

«Ich glaube nicht, daß sich das so verhält», sagte Bergfinn. «Die Vögel mögen Folgegeister von Männern sein. Deine Frau aber ist unpäßlich und wird ein wunderschönes Mädchen zur Welt bringen, und du wirst es sehr liebgewinnen. Es werden dann zwei stattliche Männer um deine Tochter freien aus den Himmelsrichtungen, woher die Adler im Traum zu fliegen schienen. Beide werden sie übermäßig lieben, sich um sie schlagen und dabei ihr Leben lassen. Darauf wird ein dritter Mann um sie werben aus der Gegend, von der der Habicht zuflog. Der wird ihr Gatte werden.» Die Saga berichtet, daß Torstein diese Deutung mißfiel und er alles tat, damit sie nicht in Erfüllung ginge. Trotzdem geschah alles so, wie Bergfinn es vorausgesagt hatte.

Nähern wir uns der Schicksalsfrage im Lichte des Gedankens der wiederholten Erdenleben, kann sie eine tatsächliche Grundlage und Bedeutung bekommen, die ihr sonst leicht abgeht. Denn wenn wir verschiedene Erdenleben hinter uns haben, ist es nur natürlich, daß zwischen ihnen ein Zusammenhang bestehen muß. Diesen Zusammenhang bezeichnet Rudolf Steiner oft mit dem altindischen Ausdruck *Karma*.

Jedes Menschenkind bringt so bei der Geburt nicht nur physisches Erbmaterial, sondern darüber hinaus ein Karma mit, ein Schicksalserbe aus früheren Erdenleben. Mit allen seinen guten und schlechten Seiten. Einerseits eine Schuldenlast, andererseits Fähigkeiten und Möglichkeiten. Und vor allem: Wir kommen zusammen mit unseren *Zeitgenossen* zur Welt, mit denjenigen Seelen, mit denen wir in einer engeren oder loseren Beziehung stehen. Wo wir vielleicht etwas «begleichen» müssen oder möglicherweise etwas «guthaben». Gestriges Leben – heutiges Schicksal.

Nun kann man fragen: Wo bleibt bei all diesem Schicksal, Karma oder wie man es immer nennen will die Freiheit? Ist sie bloß eine Selbsttäuschung?

Unter einem streng begrenzten naturwissenschaftlichen Gesichtspunkt ist sie dies tatsächlich auch. In derjenigen Anschauung aber, zu der wir hier zu gelangen suchen, läßt sich das Schicksal am ehesten als eine Art Rahmen um unser Leben verstehen. Den Inhalt unserer Existenz müssen wir uns zu einem wesentlichen Teil selbst schaffen. Da kommt es Tag für Tag auf unsere freie Initiative an. Rudolf Steiner veranschaulicht die Frage an einem Beispiel: Angenommen, ein Mann baut sich ein Haus, um darin zu wohnen. Wird er dadurch in seiner Freiheit eingeschränkt? In einer gewissen Hinsicht vielleicht, ließe sich einwenden. Dafür aber gewinnt er, wie sich denken läßt, in mancher Hinsicht größere Freiheit.

Ein tiefer greifendes Problem ergibt sich durch unser Bedürfnis nach einer gewissen Gerechtigkeit im Leben. Damit zurechtzukommen, ist oft nicht leicht. Denken wir etwa an einen hoffnungsvollen, lebensfrohen jungen Menschen, der durch Krankheit oder Unglück lebenslänglich invalide wird. Darin sogleich eine Strafe für irgendeine schlechte Tat in früheren Existenzen zu sehen, ist auf keinen Fall zulässig. Nach allem, was wir wissen können, bedeutet das Unglück eine Vorbereitung auf eine Aufgabe, die in späteren Leben gerade die Fähigkeiten und Ausdauer verlangt, die durch solche Prüfungen erworben werden. Bei der Schicksalsfrage darf niemals vergessen werden, daß wir in der Regel nur einen kleinen Teil einer nahezu unendlichen Ganzheit überblicken.

Hinzu kommt – vor allem in unserer Zeit –, daß das Schicksal der Menschen durch das Zeitenschicksal, in das jeder einzelne verwoben ist, durchkreuzt und kompliziert wird. Ganz einfach durch die Zivilisation, der wir angehören. Mag sein durch Krieg oder sonstige Not, die nicht nach persönlicher Schuld oder Unschuld fragt. Ob wir wollen oder nicht, wir sind alle am Raubbau an der Natur beteiligt. Früher oder später muß der Rückschlag kommen.

Heutiges Leben – morgiges Schicksal.

Reinkarnation und Christentum

Menschen, die sich dem traditionellen Christentum verbunden fühlen, fragen vielleicht: Wenn der Reinkarnationsgedanke wahr ist – warum hören wir dann nichts davon in den Kirchen oder wo sonst das Christentum verkündet wird? Er wird nicht nur verschwiegen, er wird geleugnet und zur Irrlehre erklärt.

Mit dieser Frage wird an eine lange Geschichte gerührt. Der Schreibende erinnert sich an ein Gespräch mit einem bedeutenden Vertreter der christlichen Kultur in Norwegen. Dieser – ein bekannter Schriftsteller – hatte nach einigen Jahren religiöser Gleichgültigkeit seine Lebensgrundlage im Christentum gefunden. Zum Reinkarnationsgedanken jedoch konnte er keinen Zugang finden. Er sagte: Wenn ich dereinst von diesem Körper befreit bin, um ganz in Gemeinschaft mit Christus zu leben – dann wieder zurückkehren in den physischen Leib, in Fleisch, Sünde und Finsternis? Nein, das würde er nicht können und wollte er sich auch nicht vorstellen!

Sachte versuchte ich einzuwenden, daß das Leben auf Erden ja nicht nur aus Elend bestehe. Es gebe doch da auch Sterne am Himmel, Blumen auf der Wiese und Bäume im Wald. Und hin und wieder könnten wir eine Geliebte glücklich umarmen. Das wollte er keineswegs bestreiten, er war ja ein Dichter. Doch zurückkehren in die Zwangsjacke des physischen Körpers nach der Seligkeit als befreite Seele? Auf keinen Fall! Ich frage mich, ob du nicht die Geschichte der Menschheit vergißt, versuchte ich es erneut. Sie ist ja sehr viel älter als das Christentum. Du, der du heute lebst, hast darin deinen Ort und deine Erlösung gefunden. Was ist aber mit den unzähligen Seelen, die so unglücklich waren, in vorchristlicher Zeit zur Welt zu kommen? Weißt du eine Erlösung für sie? Denn du wirst doch nicht etwa annehmen, daß Sokrates und Platon und alle guten Menschen der vorchristlichen Zeit in einem Jenseits der ewigen Pein schmachten? So unbarmherzig können wir uns doch einen alliebenden Vater nicht vorstellen?

Nein, das konnte man nicht. Aber von einem gerechten und allmächtigen Gott ließ sich denken, daß er über andere, uns unbekannte Möglichkeiten zur Erlösung der guten Seelen des vorchristlichen Altertums verfüge. – Wenn dem so ist, dann ziehst du mit dem Kommen des Christentums eine unüberwindliche Grenze in der Menschheit. Nicht nur eine qualitative zwischen Guten und Schlechten, sondern auch eine *zeitliche* – zwischen uns, die nach Christi Kommen geboren und darauf angewiesen sind, ein Glaubensverhältnis zu Ihm zu finden, und den Heerscharen der Vergangenheit, von denen wir hoffen dürfen, daß sie wohl davonkamen, ohne auf jene Glaubensprobe gestellt zu werden, die wir zu bestehen haben. Jene Probe, von der unzählige gute Seelen heute das Gefühl haben, sie nicht zu bestehen – nicht weil es ihnen an gutem Willen mangelt, sondern auf Grund eines inneren Wahrheitsanspruchs. Wir wissen ja, wie Glaube und Zweifel im Inneren des Menschen kämpfen, gerade bei denjenigen, die uns am meisten zu denken aufgeben.

Das Gespräch kam zu keinem wirklichen Abschluß. Mein Freund konnte seine Hoffnung auf ewige und vollkommene Vereinigung mit seinem Erlöser nicht fahrenlassen, die mit dem Reinkarnationsgedanken, wie er meinte, unvereinbar war.

Das Problem, das sich hier stellt, scheint für die heutige Theologie vollkommen inexistent zu sein. Da wird nicht gefragt: Was geschah mit Sokrates, nachdem er den Giftbecher für die Sache der Wahrheit hatte leeren müssen? Und was mit Platon und Aristoteles, die die Menschheit denken lehrten? Oder in unserer eigenen Saga Königin Ragnhild, die große Träume hatte? Ganz zu schweigen von der Völva, die uns die mächtigen Schauungen der Edda schenkte. Hatten sie keinen Wesenskern, der es wert war, bewahrt zu werden?

Mit einer solchen Auffassung mögen sich vielleicht Materialisten zufriedengeben. Nicht aber wir, die wir einen tieferen Sinn darin erblicken, Mensch zu sein.

Für die meisten Christen ist heute das Christentum eine Angelegenheit des persönlichen Innenlebens. Das soll selbstverständlich nicht in Frage gestellt werden. Aber ist das Christentum nicht auch noch etwas mehr, etwas, was über das subjektiv Persönliche hinausreicht? Aus der Geschichte wissen wir ja, daß das Christentum der bedeutendste Impuls auf beinahe allen Gebieten des Kulturlebens war.

Heute empfinden viele schmerzlich, daß sie sich mit ihrem Christentum am Rande der Gesellschaft befinden. Die Menschen sind derart naturwissenschaftlich aufgeklärt, daß sie das, was in den Evangelien berichtet wird, nicht mehr annehmen können. In großem Ausmaß haben sie den Glauben verloren. Und so folgte der naturwissenschaftlichen Aufklärung eine entsprechende religiöse Verdunkelung.

Wollen wir in der Frage, die wir hier berühren, weiterkommen, so müssen wir zunächst ernsthaft bedenken, was in dem Ausdruck *«die Fülle der Zeit»* liegt. Klar und deutlich besagen die Worte, daß der Messias nicht zu einem zufälligen geschichtlichen Zeitpunkt kam. Weiter machen sie uns begreiflich, daß die Menschheit eine Geschichte hat, nämlich in dem Sinne, daß sie eine wirkliche Entwicklung durchmacht. Die Menschheit ist nicht ein Zufallsprodukt in einer Welt reiner Zufälle. Die Menschheit hat im Gegenteil die Aufgabe, den *Sinn* der Weltentwicklung zu erfüllen. Damit dies geschehen kann, nimmt sie – als sie sozusagen volljährig geworden ist – denjenigen Lebenszuschuß in sich auf, der ihr in der «Fülle der Zeit» durch den Geist geschenkt wurde.

Wir erinnern uns, daß das Alte Testament von Prophezeiungen des kommenden Messias durchatmet ist, eines Erlösers der noch in Erwartung lebenden Menschheit. Diese Erwartung kennzeichnet nicht nur das alttestamentliche Volk. Auch in sogenannt heidnisch-mythischen Religionen kommt sie da und dort zum Ausdruck. Im Avesta, dem heiligen Buch der Parsen, findet sich folgende klare Messiasprophetie:

Die mächtige, die königliche Verheißung tragende Sonnen-Äther-Aura,
die gottgeschaffene, verehren wir im Gebet,
die übergehen wird auf den sieghaftesten der Heilande und die anderen, seine Apostel,
die die Welt vorwärts bringt,
die sie überwinden läßt Alter und Tod, Verwesung und Fäulnis,
die ihr verhilft zu ewigem Leben, zu ewigem Gedeihen, zu freiem Willen,
wenn die Toten wieder auferstehen,
wenn der lebende Überwinder des Todes kommt,
und durch den Willen die Welt vorwärts gebracht wird.

Sich ein wirkliches geistiges Verständnis der Menschheitsgeschichte zu erarbeiten ist ein ganz zentraler Punkt in Rudolf Steiners Anthroposophie.

Davon ausgehend ist es nicht schwer einzusehen, daß die mythischen vorchristlichen Religionen zu Beginn unserer Zeitrechnung zu einem großen Teil ihren Weg vollendet hatten. Besonders bei den führenden Kulturvölkern war dies der Fall. Allerdings lebten sie im Norden noch lange Jahrhunderte fort. Weiter im Süden jedoch waren die Götter zu bloßen Vorstellungen verdorrt. Sie waren wie alte Erinnerungen, auf die man sich nicht mehr ganz verlassen konnte. Die Orakel verstummten.

Gleichzeitig machte sich eine irdische, gewissermaßen handfeste Denkweise geltend, jene Weltlichkeit eben, die das Römerreich mit sich brachte. Sollten die Menschenseelen nicht sich selbst verlieren, mußte ein starker Impuls zur Verinnerlichung einsetzen. Und der kam mit dem Christentum. Davon zeugen die Katakomben und die vielen Heiligengeschichten.

Doch das Christentum ist mehr, als was davon erzählt werden kann. Das Christentum ist die erste Religion, die sich über ein einzelnes, abgegrenztes Volk erhebt, sich ausbreitet und sich an die gesamte Menschheit richtet – ebenso wie an jeden einzelnen Menschen, er mag groß oder klein sein. Eine Menschheit – nicht nur ausgebreitet im Raum, sondern auch geschichtlich lebendig in der Zeit! Sich das Christentum in Zeit und Raum geringer denken hieße zu seinem Wesen und Kern im Widerspruch stehen – zu Christus selbst.

Und wie steht es mit dem Gedanken der Reinkarnation? Wenn er wahr ist, warum kommt er dann in den Evangelien nicht klar und deutlich zum Ausdruck? – Wir wollen zunächst einige Stellen betrachten, an denen wiederholte Erdenleben ganz selbstverständlich vorausgesetzt sind. Bekanntlich schließt das Alte Testament mit einer Prophetie des letzten Propheten, Maleachi: «Siehe, ich sende euch den Propheten Elia, bevor der Tag des Herrn kommt, der große und furchtbare.»

Diese Voraussage war sowohl den Schriftgelehrten als auch den Jüngern gut bekannt. Eines der Zeichen zur Bestätigung von Jesus als dem erwarteten Messias bestand gerade darin, daß Elia wiedergeboren war, um Sein Kommen vorzubereiten. Matthäus berichtet von einem Gespräch zwischen Jesus und den Jüngern, in dem sie nach Elia fragen. Jesus antwortet: «Ich sage euch aber, daß Elia schon gekommen ist, und sie haben ihn nicht erkannt, sondern an ihm getan, was sie wollten.» Diese Worte spielen auf die Enthauptung von Johannes dem Täufer durch Herodes an.

Innerhalb der Theologie ist es natürlich allgemein bekannt, daß vom Täufer als vom wiedergeborenen Elia gesprochen wird. Das sei jedoch *bildlich* zu verstehen, wird gesagt. «Als ob»! Auf diese Weise läßt sich alles «verstehen» – das heißt: wegerklären –, was mit einer voreingenommenen Überzeugung nicht übereinstimmt.

Matthäus gibt im Kapitel davor ein Gespräch wieder, in dem Jesus die Jünger fragt: «Was sagen die

Menschen, wer der Sohn des Menschen ist?» Sie antworten: «Einige: Johannes der Täufer; andere aber: Elia; und andere wieder: Jeremia oder einer der Propheten.» Aus den Antworten geht mit aller Deutlichkeit hervor, daß wiederholte Erdenleben nicht nur eine allgemein bekannte Vorstellung, sondern auch eine in breiten Kreisen fest verankerte Anschauung waren. Das wird zusätzlich noch bestätigt in dem Bericht vom Blindgeborenen: «Und als er vorüberging, sah er einen Menschen, blind von Geburt. Und seine Jünger fragten ihn und sagten: Rabbi, wer hat gesündigt, dieser oder seine Eltern, daß er blind geboren wurde?» Jesus lehnt die Möglichkeit nicht ab, daß ein Mensch selbst Ursache einer angeborenen Blindheit sein kann, wenn dies auch im vorliegenden Fall nicht zutrifft.

Klar ausgesprochen begegnen wir dem Gedanken bei den ehrwürdigen, später aber umstrittenen Kirchenvätern Origenes (185–254) und Hieronymus (340/50–420). Beide können Gottes Gerechtigkeit nicht anders als im Zusammenhang mit der Lehre von den wiederholten Erdenleben erklären. Sie begründen dies unter anderem mit der Stelle, wo über Esau und Jakob gesagt wird: «Denn als die Kinder noch nicht geboren waren und weder Gutes noch Böses getan hatten ..., wurde zu ihr [Rebekka] gesagt: ‹Der Ältere wird dem Jüngeren dienen›; wie geschrieben steht: ‹Jakob habe ich geliebt, aber Esau habe ich gehaßt›.» Beide Kirchenväter stimmen darin überein, daß Esau früherer Sünden wegen im

Mutterleibe das Erstgeburtsrecht aberkannt worden sei und daß es daher nicht ungerecht erfunden werde, daß Jakob seinen Bruder verdrängte, wenn sie der Ansicht seien, daß Gott ihn auf Grund seiner Güte in früheren Leben würdiglich geliebt habe.

Was hier den Ausgangspunkt bildet, der Gedanke der Gerechtigkeit Gottes, ist ein durchgängiges Thema in den Zeugnissen der Antike. Aber die Kirche kam allmählich zu anderen Ergebnissen. Und auf dem fünften ökumenischen Konzil in Konstantinopel im Jahre 553 wurde die Lehre als unvereinbar mit dem wahren christlichen Glauben verurteilt.

Daß der Glaube an wiederholte Erdenleben üblich war, wird auch von Bin Gorion in seinem ausführlichen Werk *Die Sagen der Juden* bestätigt. Er berichtet, es sei eine wohlbekannte Tatsache gewesen, daß Josua, nach Mose Tod der Führer des Volkes Israel, der wiedergeborene Joseph war, den seine Brüder nach Ägypten verkauft hatten. Und die Hure Rahab, die den Israeliten während der Belagerung von Jericho half, war die wiedergeborene Gemahlin Potiphars.

Sei es, wie es will. Der Geschichtsschreiber Flavius Josephus, der im Jüdischen Krieg 70 nach Christus die Festung Jotapata gegen die Römer verteidigte, berichtet, als er und seine Abteilung gefangengenommen wurden, hätten viele sich lieber das Leben nehmen wollen, als in römische Sklaverei zu geraten. Da habe er sie eindringlich davor gewarnt, indem er sie daran erinnerte, daß sich Selbstmord nachteilig auf spätere Erdenleben auswirkt.

Dennoch muß eingeräumt werden, daß das Neue Testament, was die Erwähnung wiederholter Erdenleben betrifft, äußerst zurückhaltend ist. Das muß einen Grund haben, vielleicht sogar mehrere. Einer der Gründe liegt zunächst vielleicht darin, daß das Christus-Wesen sich *nicht* reinkarniert. Die gegenteilige Ansicht einreißen zu lassen, hieße, die Bedeutung des Christus-Wesens mißzuverstehen – daß Er sein göttliches Wesens-Ich der Menschheit ein für allemal hingegeben hat. Dieses höchste Wesens-Ich – «Ich bin der ich bin», *Ehjeh asher ehjeh* – hatte zu Moses aus dem Dornbusch gesprochen, hatte dem auserwählten Volk die Zehn Gebote gegeben. Und durch die Menschwerdung Christi ist dieses Wesen zum einigenden Geistwesen der Menschheit selbst geworden, gewissermaßen ihr höheres Ich.

Wenn man dies versteht, fällt Licht auf eine merkwürdige Stelle im Johannesevangelium – da, wo die Knechte des Hohenpriesters kommen, um Jesus zu ergreifen. Es geschieht im Garten Gethsemane, und es ist Nacht. Jesus fragt: Wen sucht ihr? Sie antworten: Jesus, den Nazoräer. – Nach den gängigen Übersetzungen antwortet ihnen Jesus: Ich bin's. Da weichen die Knechte zurück und fallen zu Boden. Erst danach ergreifen sie ihn.

Hier drängt sich wirklich die Frage auf: Warum fallen sie zuerst zu Boden? In der gewöhnlichen Übersetzung, «Ich bin's», bleibt dies völlig unverständlich. Verständlich kann es werden, wenn wir uns verdeutlichen, daß Jesu Antwort lautet: «Ich bin ich!» – *Ehjeh asher ehjeh* – und er sich so selbst Gottes heiligen unaussprechlichen Namen gibt. Das war nach Auffassung der Pharisäer eine ungeheuerliche Gotteslästerung.

«Ich» ist aber auch der Name des Menschen! Wer ist nun dieses mächtige Wesen Christus Messias, das sich selbst mit ein und demselben Wort den Namen Gottes und der Menschheit gibt? – Diese Frage ist seit dem ersten Tag des Christentums auf der Erde Gegenstand von Glauben und Zweifeln, Furcht und Zittern, Hoffnung und Trost. Sie läßt sich nicht ein für allemal beantworten. Ein jeder versucht, für sich eine Antwort zu finden. Gleichzeitig aber fühlen und wissen wir, daß die Menschheit ein lebendiges Ganzes ist, nicht bloß eine Masse zahlloser Exemplare von dieser oder jener Art in der äußeren Welt. Für einen rein naturwissenschaftlichen Standpunkt mag sie sich vielleicht als solche ausnehmen. Das reicht jedoch nicht aus, wenn es darum geht, den *ganzen* Menschen zu erfassen. Da ist zusätzlich zur Naturwissenschaft eine Geisteswissenschaft – ja, eine Anthroposophie erforderlich. Sie kann es nach und nach möglich machen, etwas mehr zu erfassen vom Zusammenhang zwischen dem Göttlichen und der Menschheit.

Ein weiterer Grund für die erwähnte Zurückhaltung im Neuen Testament kann darin liegen, daß die Menschen lernen sollen, ihr gegenwärtiges Leben auf Erden voll und ganz zu schätzen. Denn jedes einzelne Erdenleben ist in seiner Weise einzigartig und schenkt uns Entwicklungsmöglichkeiten, die nicht vertan werden dürfen. Die Versäumnisse hemmen letztlich ja die ganze Menschheit.

Die Schaffensmächte des Ursprungs haben die Menschheit aus der Hand gegeben, damit sie frei werden kann. Darin liegt das geistige Mysterium des Sündenfalls. Christus kommt unserer Freiheit entgegen, indem er sich dem Erkennen nicht aufzwingt. Viele werden daher einwenden, alles hier Gesagte sei bloß «Einbildung». Das ist verständlich und soll auch nicht einfach bestritten werden. Wenn wir uns selbst prüfen, müssen wir zugeben, daß wir unserem Inneren etwas «einbilden». Wir stellen uns allerlei vor. Wir bilden uns Gedanken über dasjenige hinaus, was unsere physischen Sinne uns vorschreiben. Täten wir das nicht, so müßten wir rasch in hilflose Gleichgültigkeit versinken. Damit sei keineswegs gesagt, daß wir eines Korrektivs entbehren. Wie für den Mathematiker das Korrektiv im wechselseitigen Zusammenhang der Begriffe liegt, so auch für die Geisteswissenschaft. Nur daß hier die Begriffe mit der Ganzheit des Lebens in Zusammenhang stehen müssen.

Eines ist es, eine Menge meßbarer Tatsachen zu sammeln. Dagegen soll gewiß nichts eingewendet werden. Etwas anderes ist es trotzdem, zur Erkenntnis der Wahrheit zu gelangen. Die Wahrheit ist keine meßbare Größe. Sie läßt sich nur in voller Freiheit erfassen. Damit dies geschieht, ist es notwendig, daß wir entgegen allen inneren Widerständen fortwährend an uns arbeiten. Wir müssen etwas überwinden, etwas wagen, innere Aktivität entfalten. Und vielleicht müssen wir uns anfangs mit etwas Mangelhaftem, Vorläufigem begnügen, um es dann allmählich umzuwandeln.

Zu allen Zeiten haben die Menschen danach gestrebt, sich selbst zu verstehen. Dies ist der eigentliche Drang in allen Religionen, aber auch in der Kunst und der Philosophie, und es ist der Grundgedanke aller Wissenschaft. Das gilt auch, wenn wir die Geschichte studieren. Bisweilen werden wir dabei von einer eigentümlichen Empfindung erfaßt: Als wären wir bei dem, was da berichtet wird, selbst dabeigewesen! Natürlich ist das eine Selbsttäuschung. Oder könnte es eine Empfindung davon sein, daß wir von Anfang an alle in irgendeiner Weise an der Geschichte der Menschheit beteiligt sind? Wir sind alte Seelen! Wir werden durchaus nicht bei der Empfängnis oder Geburt erschaffen. Wäre dies der Fall, so müßten wir uns fragen: Was ist denn das für ein Gott, der selber vollkommen ist, aber bloß eine Menge unvollkommener Seelen ins Leben ruft? Äußerst unwahrscheinlich!

Die Naturwissenschaft befaßt sich mit dem Menschen als physischem Geschöpf, vor allen Dingen als einem Gegenstand im Raum. Doch der Mensch ist zudem ein Wesen in der Zeit. Er ist ein rhythmisches Wesen. Den innersten Rhythmus haben wir in der Systole und Diastole, im Zusammenziehen und Ausdehnen des Herzens. Weiter ist da der Rhythmus des Ein- und Ausatmens, auch hier ein Zusammenziehen und Ausdehnen. Dann der Tagesrhythmus, das Abwechseln zwischen Wach- und Schlafzustand. Darüber ließe sich vieles sagen. Schließlich der umfassende Rhythmus, den viele mit einem Fragezeichen versehen werden – der mächtige Umschwung zwischen dem Leben auf Erden und dem Leben der Seele in geistigem Zustand.

Wir können unser menschliches Dasein als ein mächtiges Atmen erleben, als ein Hin und Her zwischen Innerem und Äußerem. In der Legende vom heiligen Christophorus strömt das Leben als Fluß zwischen zwei Ufern. Mit der Bildersprache dieser Legende wollen wir unsere Darstellung abrunden.

Kurz zusammengefaßt, vernehmen wir, daß Christophorus vor seiner Taufe Reprobus, der Verworfene, geheißen hat und ein hünenhafter Heide mit Riesenkräften war. Er hatte sich geschworen, nur dem mächtigsten Herrn der ganzen Welt zu dienen. Dieser aber war nicht so einfach zu finden. Fast hätte es damit geendet, daß Reprobus dem Teufel dienen mußte, der stets darauf aus ist, Seelen zu fangen.

Als sie jedoch einmal an einem Wegkreuz vorüber kamen, mußte der Teufel einen Umweg machen. Reprobus begriff, daß es einen Stärkeren geben mußte. Aber wo war dieser zu finden? Nach endlosem Wandern und Suchen ließ er sich am

Ufer eines gefährlichen Flusses nieder. Da verdiente er sich sein Brot, indem er Menschen durch die Strömung hinüber und herüber trug. Die Jahre gingen dahin, Reprobus wurde ein alter Mann. Da weckte ihn eines Nachts ein zartes Stimmchen, das ihn von der anderen Seite rief. Er fand ein kleines Kind vor, das darum bat, übergesetzt zu werden. Ja, das würde ihm ein leichtes sein. Doch als er sich mit dem Kind auf den Schultern mitten im Strom befand, wurde ihm die Last so schwer, daß er nahe daran war unterzugehen.

Da offenbarte sich das Kind. Es war der Heiland der Welt. «Du hast gefunden, den du lange gesucht hast», sagte das Kind. «Empfange die Taufe. Von nun an sollst du Christophorus heißen, der Christusträger. Und zum Zeichen dessen, was sich mit dir zugetragen hat, nimm deinen Stab und stecke ihn in die Erde. Du wirst sehen, daß er Wurzeln schlägt und neu zu grünen beginnt.»

Legenden lassen sich meist auf mehreren Ebenen verstehen. So auch diese. Jede Durchquerung von einem Ufer zum anderen kann als ein Erdenleben gesehen werden. Und für unsere Seele sind bestimmt viele Durchquerungen nötig, bis wir mitten im Lebensstrom finden, was wir in dunkler Ahnung gesucht haben.

Das Bild meines älteren Gesprächsfreundes kann erneut in der Erinnerung auftauchen. Auch er mühte sich wohl gelegentlich im Strom zwischen den beiden Ufern ab. Doch er war von einer wesenhaften Gegenwart erfüllt worden, die er einzubüßen fürchtete, wenn er erneut Mensch würde auf Erden.

Dazu ist zu sagen, daß die Erde heute nach Seelen ruft, die von dieser Gegenwart, von der hier die Rede ist, abzugeben vermögen. Und wir wollen hoffen und glauben, daß sie nicht vergeblich ruft.

Zum Schluß mag man vielleicht fragen: Wie steht es mit dem «Aufblitzen» früherer Erdenleben bei demjenigen, der hier schreibt? Warum wurde davon nichts gesagt? Weil es zunächst nicht um ein persönliches Zeugnis geht, sondern um eine durchdachte Begründung.

Ein Fachpsychologe würde wohl ein solches Aufblitzen meist als etwas deuten, was durch Elemente aus meinem gegenwärtigen Leben hervorgebracht wird. Eine solche Deutung brächte ich zur Not auch selbst zustande. Bloß, daß ich die ganze Zeit wissen würde, daß die Erklärung erfunden ist. Ungefähr so, wie wenn ich mir einzubilden versuchte, daß etwas, woran ich mich aus der Kindheit erinnere, ein Phantasieprodukt ist.

Es war so, daß ich in jungen Jahren davon träumte, Künstler zu werden, und daß da ein gütiger Onkel war, der an ein kleines Talent glaubte. Zusammen mit einem etwas älteren Freund, einem Bildhauer, ging die Reise nach Florenz. Dort lernte mein Freund einen englischsprechenden Priester kennen, der ihn katholisch beeinflußte. Die theologischen

Vorstellungen, die er von dem Priester mitbrachte, pflegte er an mir auszuprobieren.

Allmählich wurde ich der katholischen Theologie, die er mit einer für ihn charakteristischen Handbewegung vorbrachte, ziemlich überdrüssig.

So trafen wir uns eines Tages – er kam von einem Gespräch mit dem Priester, ich von einer Wanderung durch die Welt der Kunst. Und schon fing er wieder an: «Glaubst du, daß Brot und Wein auf dem Altar ...» Er hob die Hand, wie er es bei solchen Reden zu tun pflegte. Da geschah es, daß ich für den Bruchteil einer Sekunde wie abwesend war, während mir klar und wirklichkeitsnah ein Gedächtnisbild vor Augen stand: Wir beide und ein paar andere in einem kleinen, von lebendigem Licht erhellten Zimmer – einer Art Klosterzelle. Er war ganz im Eifer und gestikulierte ... An Zeit und Ort, Namen und Gesprächsthema erinnere ich mich heute nicht mehr. Nur an dieses irgendwie äußere, aber ganz wache Gedächtnisbild.

Daß das Erinnerungsbild hinsichtlich des Inhalts völlig uninteressant ist, scheint mir dafür zu bürgen, daß es sich nicht um ein Phantasieprodukt handelt. Wenn mein Unterbewußtsein es «gemacht» haben sollte, so hätte es sich, glaube ich, etwas Spannenderes ausgedacht.

Vom Gedanken zur Wirklichkeit

Es wurde gesagt, daß die Idee der wiederholten Erdenleben im Denken höchst unterschiedlicher und – wie wir gesehen haben – oftmals nicht gerade unbedeutender Menschen aufgetaucht ist. Für die meisten aber blieb es ein bloßer Gedanke, einer unter vielen – unverbindlich, ohne Konsequenzen. Und daher wurde er keine Lebensgrundlage im geistigen Sinn.

Das sollte sich dank Rudolf Steiners Geisteswissenschaft ändern.

Wie Albert Einstein dazu geboren war, Mathematiker zu werden, Beethoven Komponist, Ibsen Dichter, Munch Maler, so war Steiner dazu geboren, Geistesforscher zu werden. Und ebenso gewiß, wie das Lebenswerk der erstgenannten durch das Schicksal in ihnen selbst angelegt war, aber allen Menschen offen gegeben wurde, so auch Steiners Lebenswerk, die Anthroposophie.

In der anthroposophischen Geisteswissenschaft läßt sich das Verständnis der wiederholten Erdenleben als etwas Grundlegendes betrachten. Es bildet die Voraussetzung für alles, was ferner über das Menschenwesen zu sagen bleibt.

Selbstverständlich kannte Rudolf Steiner den Reinkarnationsgedanken ebenso wie alle möglichen anderen Ideen aus der Geistesgeschichte der Menschheit. Aber er übernahm den Gedanken nicht. Weder von Goethe noch von einer anderen der vielen Geistesgrößen, die man erwähnen könnte. Er schaute ihn als Wirklichkeit auf dem Grunde jeder einzelnen Menschenseele. Steiner war der Auffassung, daß ein Gedanke, wenn er wahr ist, nicht bloß durch Philosophieren, sondern durch Wahrnehmung aus der Wirklichkeit selbst zu gewinnen sein müsse. In dieser Beziehung befindet er sich ja im Einklang mit der allgemeinen Auffassung der Zeit. Der Unterschied zwischen Steiner und der üblichen Wissenschaft liegt vor allem darin, daß sein Wirklichkeitserleben und seine Wahrnehmungsfähigkeit weit über die Grenzen hinausreichten, die unseren physischen Sinnen gesetzt sind. Mit diesem Erleben aber und den übersinnlichen Wahrnehmungen, die auf diese Weise gemacht werden können, blieb Steiner im großen und ganzen allein.

Für uns bleibt vor allem eine Frage zurück: Was kann uns, als Menschen dieser Zeit, der Gedanke der wiederholten Erdenleben geben? Vielleicht empfinden, ahnen wir ihn und greifen danach, ohne jedoch in der Lage zu sein, ihn klar aus der Tiefe der Seele heraufzuholen. Der Geistesforscher ist für viele von uns wie ein Geburtshelfer geworden, so daß sich die Reinkarnationsidee in unserer Seele festigen konnte. Vielen hat sie geholfen, dieses oder jenes im

Schicksal anzunehmen, das sie sich, wie man vermuten kann, sonst wohl anders gewünscht hätten. Und vor allem hat sie unseren Blick nach vorn gerichtet – auf ein sinnvolles Erdenleben in der Zukunft. Wo und wann ist eine Frage für sich.

Das gibt uns Hoffnung, das eine oder andere, was wir im gegenwärtigen Leben möglicherweise etwas vernachlässigt haben, erneut anpacken zu können. Denn wenn alle zeitlichen Wünsche, einer großartiger als der andere, von uns genommen sind – da bleibt nur noch *ein* Wunsch zurück: der Wunsch zu verwirklichen, was unsere eigentliche, ursprüngliche Aufgabe ist.

Anmerkungen des Übersetzers

Das vorliegende Büchlein wurde ursprünglich für eine norwegische Leserschaft geschrieben, bei der vieles als bekannt vorausgesetzt werden kann, was nordische Geschichte und Kultur betrifft. Da dies bei Leserinnen und Lesern aus dem deutschen Sprachraum nicht unbedingt der Fall ist, werden im folgenden neben reinen Zitatnachweisen kurze Erläuterungen zu spezifisch nordischen Namen und Begriffen gegeben.

12 *André Bjerke:* 1918–1985 (Oslo). Bedeutender norwegischer Lyriker, Erzähler, Essayist und Übersetzer von großer Sprachkraft; er beschäftigte sich sein Leben lang mit der Anthroposophie.

14 *Bericht eines englischen Psychiaters:* Arthur Guirdham: *The Cathars & Reincarnation.* Neville Spearman Ltd., London 1970. (Neueste Auflage: Verlag C.W. Daniel, Saffron Walden 1990).

18 *Wir alle gingen barfuß:* a.a.O., S. 88 f.

20 *Was einige für eine besondere Gabe:* Zitiert nach *So zwingen wir das Leben!* Ein Gespräch zwischen Henry Ford und Ralph Waldo Trine, aufgezeichnet von R. W. Trine. Aus dem Amerikanischen von Cornelia Bruns. J. Engelhorns Nachf., Stuttgart 1929; S. 11. (Titel der Originalausgabe: *That Power That Wins.*)

20 *Hier liegt, den Würmern zur Speise:* Benjamin Franklin: «Epitaph»; zitiert nach: *The Papers of Benjamin Franklin,* Volume I, January 6, 1706 through December 31, 1734. Edited by Leonard W. Labaree and Whitfield J. Bell, Jr. Yale University Press, New Haven 1959; S. 111 (Faksimile zwischen S. 110 und 111). – Da der 1728 oder 1729 verfaßte Grabspruch immer wieder in den verschiedensten Versionen zu lesen ist, soll nachstehend das Original angeführt werden (in eckigen Klammern Varianten einer anderen Abschrift): «The Body of | B. Franklin, | Printer; | Like the Cover of an old Book, | Its Content torn out, | And stript of its Lettering and Gilding, | Lies here, Food for Worms. | But the Work shall not be [wholly] lost: | For it will, as he believ'd, appear once more, | In a new & more perfect [elegant] Edition, | Corrected and amended [improved] [Revised and corrected]| By the Author. | He was born Jan. 6. 1706 | Died 17».

21 *Weisen nicht alle Zeichen:* Henrik Ibsen: *Kaiser Julian.* Schauspiel in fünf Akten. (Zweiter Teil des Doppeldramas *Kaiser und Galiläer*). Das Gespräch findet sich gegen Ende des ersten Drittels des vierten Akts.

22 *Olav Aukrust:* 1883–1929 (Lom im Gudbrandstal). Als Dichter von großer Bedeutung für die neuere norwegische Lyrik. Volksschullehrer, später in der Volkshochschulbewegung. Mystisch-dunkle, schwer zugängliche Sprache, beeinflußt von Swedenborg und Steiner; Verbindung christlicher Mystik und nationaler Kulturtradition.

22 *Inge Krokann:* 1893 (Opdal) bis 1962 (Østre Gaustal). Erzähler und Lyriker, schrieb kulturhistorische Ro-

mane in schwer zugänglichem, dialektgefärbtem *Landsmål* (der Neuschöpfung einer norwegischen Sprache, hauptsächlich aus den Bauernsprachen Westnorwegens, im letzten Jahrhundert, heute *Nynorsk* genannt).

22 *Die Zeit muß zerbrechen:* Mittlere Strophe von Olav Aukrusts Gedicht «Bøn» («Gebet»), dem letzten der Sammlung «Vegen» («Der Weg»).

23 *Ich bin in der Hölle:* Zitiert nach August Strindberg: *Inferno.* Übersetzung von Christian Morgenstern. Hyperionverlag, Berlin o.J., S. 190 (Kapitel IX «Swedenborg»).

23 *hat sie eine Erzählung … aufgenommen:* «Ein gefallener König».

23 *Ihre persönliche Ansicht äußerte sie:* Brief vom 2. Januar 1925. Zitiert nach Selma Lagerlöf: *Brev 2.* 1903-1940. I urval utgirna av Ying Toijer-Nilsson. Gleeryps Förlag, Lund 1969; S. 2/3.

24 *«Schreibe» sprach jene Stimme:* Hier zitiert nach: *Søren Kierkegaards Papirer.* Anden forøgede Udgave ved Niels Thulstrup. Tredie Bind. Udgivet af Det danske Sprog- og Litteraturselskab og Søren Kierkegaard Selskabet. Gyldendal, København 1968, S. 81. – Tatsächlich handelt es sich bei diesem Zitat um ein fast wörtliches Exzerpt von 1842 (in deutscher Sprache) aus: *Johann Gottfried von Herder's sämmtlichen Werken.* Zur schönen Literatur und Kunst. 16. Theil. Stuttgart und Tübingen 1829, S. 114, wie Kierkegaard selbst anmerkt. Es ist eine Stelle aus Herders *Briefen zur Beförderung der Humanität,* nämlich der Schluß des 7. Fragments der 8. Sammlung (1796), das den Titel «Schrift und Buchdruckerei» trägt, und sie lautet im Original

folgendermaßen: «‹Schreibe!› sprach jene Stimme und der Prophet antwortete: ‹für wen?› Die Stimme sprach: ‹schreibe für die Todten! für die, die du in der Vorwelt lieb hast.› – ‹Werden sie mich lesen?› – ‹Ja: denn sie kommen zurück, als Nachwelt.›»

32 *der berühmte Mathematiker und Physiker Fourier:* Jean Baptiste Joseph Fourier, 1768–1830.

38 *Grimbergs Weltgeschichte:* Der schwedische Historiker Carl Gustav Grimberg (1875–1941) gab unter anderem eine zwölfbändige, lebendig und mit Betonung charakteristischer Details geschriebene *Weltgeschichte* heraus, die, seither immer wieder ergänzt, auch in Norwegen außerordentlich beliebt und inzwischen auf etwa 24 Bände angewachsen ist.

45 *Freischulen und Volkshochschulen:* Die *Freischule* ist eine kostenlose Volksschule. – Die *Volkshochschule* ist in den nordischen Ländern ursprünglich eine höhere Schule für Jugendliche nach dem Konfirmationsalter und zum Teil auch für Erwachsene. Hauptsächlich für die bäuerliche Bevölkerung eingerichtet, sollte sie jedoch allen Schichten offenstehen. Unter Grundtvigs Einfluß verbreitete sich die Volkshochschulbewegung rasch über ganz Skandinavien und behielt ihre hohe Bedeutung bis in unsere Zeit hinein.

45 *Grundtvig:* Nikolaj Frederik Severin Grundtvig, 1783 (Udby, Dänemark) – 1872 (Kopenhagen). Dichter, Pfarrer und Theologe, nordischer Philologe und Altertumsforscher, Historiker, Politiker und pädagogischer Schriftsteller. Umfassende Geschichtsschreibung. Theologische Abhandlungen. Ab 1836 zunehmend Schriften zur Volksbildung; der Unterricht soll auf dem lebendigen Wort beruhen, auf dem

Gespräch zwischen Lehrer und Schüler. 1848–58 und 1866 Sitz im Reichstag. Anwalt der Freiheit auf allen Gebieten. Die von ihm angeregten Erneuerungsbewegungen (Grundtvigianismus) fanden auch in der Umstrukturierung der Landwirtschaft und in der Genossenschaftsbewegung ihren Niederschlag.

47 *Balles Religionslehrbuch:* Nicolai Edinger Balle, 1744–1816. Dänischer Theologe. 1783–1808 Bischof von Seeland. Sucht den «alten Glauben» aufrechtzuerhalten, unter anderem durch sein neues Religionslehrbuch. Zahlreiche Vorlesungen und Werke.

50 *aus Ingemanns historischen Romanen:* Bernhard Severin Ingemann, 1789 (Torkildstrup/Falster) – 1862 (Sorø). Dänischer Dichter. Schrieb auf Anregung Grundtvigs historische Romane, die im dänischen Mittelalter spielen. Bis heute durch seine Morgen-, Abend- und Kirchenlieder volkstümlich.

53 *Vilhelm Birkedal:* 1809–1892. Pfarrer in Ryslinge (Fünen). Kämpferischer Redner, Prediger, geistlicher Schriftsteller. Eine Zeitlang Reichstagsabgeordneter. Besonders seine Postillen und Andachtsbücher waren weit verbreitet. Lebte zuletzt in einer Volkshochschule bei Kopenhagen.

54 *Grundtvigs Weltgeschichte: Haandbog i Verdens-Historien.* Efter de bedste Kilder. Et Forsøg. I-III, 1833–43 («Handbuch der Welt-Geschichte. Nach den besten Quellen. Ein Versuch»).

63 *Wanderschule:* Es war früher in dünnbesiedelten Gebieten Norwegens üblich, daß ein Lehrer vorbeikam, um die Kinder umliegender Höfe eine kurze Zeit lang zu unterrichten.

64 *Kristiania:* Nachdem Oslo 1624, in der Zeit der däni-

schen Herrschaft, einer großen Feuersbrunst zum Opfer gefallen war, ließ der damalige dänische König Christian IV. (1588–1648) die Stadt neu aufbauen. Sie wurde nach ihm benannt und trug bis Ende 1924 den Namen Christiania oder Kristiania.

65 *Ihre Eltern waren Haugianer:* Nach dem norwegischen Erweckungsprediger Hans Nielsen Hauge (1771–1824), der, tief durch den deutschen Pietismus geprägt, als wandernder Laienevangelist und Schriftsteller einen großen Einfluß auf das religiöse Leben, aber auch auf Politik und Wirtschaft des Landes ausübte. Vorgeblich wegen Verletzung des Versammlungsgesetzes 1804–11 und 1814–16 im Gefängnis.

73 *Und das Wort des Herrn geschah zu mir:* Jeremia 1,4-5; hier (wie in allen folgenden Stellen) zitiert nach der Elberfelder Bibel.

83 *das … unter dem Druck des russischen Zarenreichs stand:* Finnland, seit dem 13. Jahrhundert eine schwedische Provinz, wurde 1809 Großfürstentum des russischen Zaren unter Bewahrung seiner inneren Selbständigkeit. Unabhängigkeitserklärung 1917 nach dem bolschewistischen Umsturz in Rußland.

96 *Während der politischen Stürme und des Bürgerkriegs:* Nach der finnischen Unabhängigkeitserklärung wurde ein bürgerliches Schutzkorps, die Weiße Garde, zur Vertreibung der Russen und zur Bekämpfung der diese unterstützenden Roten Garde gebildet. Am 28. Januar 1918 brach ein Bürgerkrieg aus, in dem die «Weißen» siegten. Annahme einer republikanischen Verfassung am 21. Juni 1919.

101 *Bjørnson:* Bjørnstjerne Bjørnson, 1832 (Kvikne/Østerdalen) – 1910 (Paris). Neben Ibsen einflußreichster

Dichter Norwegens seiner Zeit, setzte sich auch als Journalist stark für kulturelle Erneuerung und nationale Selbständigkeit ein.

101 *klein, von rechtschaffener Art:* Anfangszeilen des Gedichts «Gamle Heltberg» («Der alte Heltberg»).

101 *Molde:* Am Moldefjord, südwestlich von Trondheim. Bjørnsons Vater war dort Pfarrer in Nesset im Romsdal.

101 *ausgelöst durch die Februarrevolution:* Die Februarrevolution von 1848 in Paris, durch die in Frankreich die Zweite Republik ausgerufen wurde.

101 *Feier zum 17. Mai:* Nach den napoleonischen Kriegen mußte Dänemark im Kieler Vertrag von 1813 Norwegen an die Siegermacht Schweden abtreten. Die Wirren ausnützend, schufen die Norweger mit dem dänischen Statthalter, Prinz Christian Frederik, ein unabhängiges norwegisches Königreich, das einige Monate lang Souveränität besaß. Eine Verfassung wurde ausgearbeitet, die zu den fortschrittlichsten überhaupt gehörte, Wahlen für die Nationalversammlung fanden statt, und am 17. Mai 1814 kam es in einem Herrenhaus in Eidsvoll, 64 km nördlich von Oslo, zur Unterzeichnung des neuen Grundgesetzes. König Christian Frederik mußte 1814 nach vierzehntägigem Krieg dem schwedischen König weichen; Schweden anerkannte jedoch in der nachfolgenden Union (bis 1905) die Eidsvoller Verfassung. Seit 1824 wird der 17. Mai als Nationalfeiertag begangen, unmilitärisch, als Fest der Schüler.

102 *Heltbergs «Studentenfabrik»:* Henrik Heltberg (1806–1873) gründete 1848 in Kristiania seine eigene Schule für ältere Schüler, die «Studentenfabrik» genannt wurde.

103 *Groß und schmächtig:* Schluß der zweiten Strophe des Gedichts «Gamle Heltberg» (s. Anmerkung zu S. 101).

103 *Aasmund Olavson Vinje*: 1818 (Vinje/Telemarken) – 1870 (Gran/Hadeland). Schriftsteller und Lyriker; Volksschullehrer, Journalist. Verfechter des *Landsmål.*

103 *Jonas Lie*: 1833 (Eriker bei Modum) bis 1908 (Stavern). Zuerst Rechtsanwalt; nach Verlust seines Vermögens begann er, von Bjørnson gefördert, als freier Schriftsteller. Erster Roman 1870. Verfasser einer Reihe beliebter Familienromane.

103 *Das Wort stammt vom niederländischen Schicksel:* Vgl. Friedrich Kluge: *Etymologisches Wörterbuch der deutschen Sprache.* Walter de Gruyter, Berlin [21]1975. Im norwegischen Originaltext steht für Schicksal *skjebne*, das von altnorwegisch *skipa* («zurechtlegen, ordnen») stammt. Das ältere Wort für Schicksal, *lagnad*, hängt mit *laga* («gemacht») und *lov* («Gesetz») zusammen.

103 *Das Schicksal stieß mich um ...:* Anfangszeile von Olav Aukrusts Gedicht «Lagnad» aus dem Buch Himmelvarden («Das Feuerzeichen des Himmels»).

107 *daß das Menschengeschlecht aus zwei Bäumen hervorging:* Vgl. die erste Dichtung in den Götterliedern der «Älteren» oder «Lieder-Edda»: «Völuspâ» («Der Seherin Gesicht» oder «Weissagung»), Strophe 17 f. (nach anderer Zählung 11 f.). Altnordisch Askr bedeutet Esche; die Herleitung von Embla aus dem Wort für Ulme ist nicht gesichert.

108 *Saga von Gunnlaug Schlangenzunge:* Die Geschichte von Gunnlaug Ormstunge (Schlangenzunge) wird hier nach der Übertragung von Felix Niedner wiedergegeben (im 9. Band der Sammlung Thule: *Vier Skaldengeschichten*, Eugen Diederichs, Jena [3]1923; S. 26-28).

108 *Egil Skallagrimson:* Egil, der Sohn von Skallagrim (Glatzen-Grim), ist einer der größten isländischen Skalden (Dichter und Sänger im Gefolge der Wikinger-Fürsten). Sein Leben (ca. 900–982) wird in der altnordischen *Egils saga* erzählt (deutsch in der Sammlung Thule, Eugen Diederichs Verlag, Band 3: *Die Geschichte vom Skalden Egil*).

108 *Thingplatz..., Thingbude:* Das Thing oder Ding ist die gesetzgebende und richtende Versammlung der Freien (Waffenfähigen) in germanischer Zeit, auf der alle Rechtsangelegenheiten an festgesetzten Orten unter freiem Himmel behandelt wurden. – In der Thingbude schlief der Thingmann während des isländischen Allthings.

109 *Folgegeister: Fylgien,* in der altnordischen Literatur eine Art Doppelgänger, vom Leib des Menschen losgelöste Seelenwesen; werden nur im Traum oder von Sehern wahrgenommen.

115 *Königin Ragnhild, die große Träume hatte:* In der *Heimskringla,* der Geschichte der norwegischen Könige, berichtet der isländische Geschichtsschreiber Snorri Sturluson (1179–1241) von der Königin Ragnhild, der Mutter Harald Schönhaars, die «gar weisen Sinnes» war und, im Gegensatz zu ihrem Mann, König Halfdan, große Träume hatte. – Vgl. in Snorris Königsbuch (*Heimskringla,* übertragen von Felix Niedner, Sammlung Thule Band 14, E. Diederichs Verlag 1965, S. 85) aus der «Geschichte von Halfdan dem Schwarzen» das 6. Kapitel: «Ragnhilds Traum».

115 *der Völva, die uns die mächtigen Schauungen der Edda schenkte:* Vor allem in den Edda-Dichtungen *Völuspâ* und in *Baldrs traumar* (Balders Träume) spricht die

Völva (altnordisch für «Wahrsagerin, Seherin»); in den Sagas erscheint sie oft als Zauberin.

116 *die Fülle der Zeit:* Galater 4,4.

117 *Die mächtige, die königliche Verheißung tragende:* Yascht 19, 89; zitiert nach Hermann Beckh: *Zarathustra.* Verlag der Christengemeinschaft, Stuttgart 1927; S. 110.

119 *Siehe, ich sende euch den Propheten Elia:* Maleachi 3,23; nach anderer Zählart 4,5.

119 *Ich sage euch aber, daß Elia schon gekommen ist:* Matthäus 17,12.

119 *Was sagen die Menschen, wer der Sohn des Menschen ist:* Matthäus 16,13 f.

120 *Und als er vorüberging:* Johannes 9,1 f.

120 *Denn als die Kinder noch nicht geboren waren:* Römer 9,11-13.

121 *wird auch von Bin Gorion ... bestätigt: Die Sagen der Juden.* Gesammelt von Micha Josef bin Gorion. Insel-Verlag, Frankfurt am Main 1962 (erste Ausgabe 1913). Vgl. 10. Buch, 3. Kapitel, «Rahab»; S. 550: «Rahab ward Jüdin und vermählte sich dem Josua. In Josua, dem Sohne Nuns, ward Joseph, der Sohn Jakobs, lebendig. Und weil dieser sich gescheut hatte, die Gemahlin seines Herrn Potiphar zu nehmen, sollte Josua die Rahab ehelichen, in welcher die Ägypterin aufs neue auf die Welt kam.»

121 *Der Geschichtsschreiber Flavius Josephus ... berichtet:* Flavius Josephus: *Geschichte des Jüdischen Krieges,* 3. Buch, 8. Kapitel, 5. Hier zitiert nach der Übersetzung von Heinrich Clementz, Verlag Otto Hendel, Halle o.J. (ca. 1900); S. 352: «Wißt ihr denn nicht, daß die, welche nach dem Gesetz der Natur aus dem Leben scheiden ..., in dem heiligsten Raume des Himmels

Wohnung nehmen, von wo sie im Verlauf der Äonen wiederum in unbefleckte Leiber wandern dürfen, daß aber die Seelen aller derer, die mit eigner Hand wider sich selbst gewütet haben, die finstere Unterwelt aufnimmt, und daß Gott, ihr Vater, diese in doppelter Hinsicht frevelhaften Menschen noch in ihren Nachkommen straft?»

122 *Ehjeh asher ehjeh:* 2. Mose 3,14.

122 *eine merkwürdige Stelle im Johannesevangelium:* Johannes 18,3-12.

falter

In der Lösung von Rätseln, die uns die eigene Seele aufgibt, entfaltet sich das Geheimnis der menschlichen Freiheit.

1

Einsamkeit

von Adam Bittleston

2

Vom Engel berührt

Schicksalsbegebenheiten
erzählt von Dan Lindholm

3

Weihnachten

Die drei Geburten des Menschen
von Georg Kühlewind

4

Lebenskrisen

Zwölf Schritte zu ihrer Bewältigung
von Julian Sleigh

5

Meditation und Christus-Erfahrung

Wege zur Verwandlung des eigenen Lebens
von Jörgen Smit

VERLAG FREIES GEISTESLEBEN